*Para*

*Com votos de muita paz!*

___/___/___

Rua Silveiras, 23 | Vila Guiomar
CEP: 09071-100 | Santo André | SP
Tel (11) 3186-9766
e-mail: *ebm@ebmeditora.com.br*
*www.ebmeditora.com.br*

Twitter: @*ebmeditora*
Facebook: *www.facebook.com/ebmeditora*

Dados Internacionais de Catalogação na Publicação (CIP)
(Câmara Brasileira do Livro, SP, Brasil)

Franco, Divaldo Pereira

Amigos para sempre / Divaldo Pereira Franco,

Cezar Braga Said. -- 1. ed. -- Santo André, SP :

EBM Editora, 2012.

1. Espiritismo 2. Franco, Divaldo Pereira,

1927- 3. Médiuns - Correspondência 4. Xavier,

Francisco Cândido, 1910-2002 I. Said, Cezar Braga.

II. Título.

12-05739                                    CDD-920.913391

Índices para catálogo sistemático
1. Médiuns : Correspondência 920.913391

ISBN: 978-85-64118-21-8

**Amigos Para Sempre**

Copyright© C. E. Dr. Bezerra de Menezes

Autores
*Divaldo Pereira Franco*
*Cezar Braga Said*

Editor
*Miguel de Jesus Sardano*

Supervisor editorial
*Tiago Minoru Kamei*

Projeto gráfico e diagramação
*Tiago Minoru Kamei*

Revisão
*Rosemarie Giudilli Cordioli*

Capa
*Thamara Fraga*

Impressão
*Lis Gráfica e Editora Ltda*

1ª edição - junho de 2012 - 10.000 exemplares

Impresso no Brasil | Printed in Brazil

# Divaldo Pereira Franco
# Cezar Braga Said

# Amigos para Sempre

*Um olhar sobre o relacionamento dos médiuns Chico Xavier e Divaldo Franco.*

# Sumário

Breve explicação | *11*

Prefácio | *19*

01. As cartas de Chico Xavier | *21*
    Primeira carta | *22*
    Segunda carta | *32*
    Terceira carta | *42*
    Quarta carta | *52*
    Quinta carta | *60*
    Sexta carta | *70*
    Sétima carta | *78*
    Oitava carta | *86*
    Nona carta | *96*
    Décima carta | *108*
    Décima primeira carta | *116*
    Décima segunda carta | *126*
    Décima terceira carta | *132*

02. Precioso cartão | *139*

03. Bilhete acerca do livro *Loucura e Obsessão* | *145*

04. Depoimento de Weaker Batista | *151*

05. Os prefácios recebidos por Chico Xavier para livros psicografados por Divaldo | *157*

06. Mensagens de Benfeitores Espirituais recebidas por Chico Xavier e dedicadas a Divaldo Franco | *165*

07. Uma carta diferente | *207*

08. A carta de Wantuil de Freitas | *241*

09. Uma carta de Yvonne do Amaral Pereira | *245*

10. Divaldo Franco em Uberaba | *253*

11. Palavras de Chico Xavier | *257*

12. Um bolo para Divaldo | *259*

13. A candidatura de Chico Xavier ao Prêmio Nobel da Paz | *263*

14. O amor que Divaldo sempre dedicou a Chico Xavier | *267*

15. Uma surpresa para Divaldo | *273*

16. O retorno do Apóstolo Chico Xavier | *277*

17. Singela conclusão | *281*

Referências Bibliográficas | *284*

## Breve explicação

Este é um livro escrito para celebrar a amizade sincera, a afeição legítima, o amor que aproxima as almas que se querem bem e que permutam sentimentos recíprocos.

Foi escrito para homenagear o sentimento que sempre esteve presente na relação desses dois amigos que nunca buscaram reconhecimento público para suas ações, nunca competiram, nem estimularam competição por parte de quem quer que fosse.

Sabendo de antemão da inutilidade de semelhante postura em nosso meio, do quanto ela reflete o atraso de quem a vitaliza e da incrível perda de tempo que ela encerra, sempre estiveram concentrados em suas atividades, vigilantes em suas tarefas, preocupados em servir onde a vida os situou.

Chico sempre acolheu Divaldo como a um filho de sua alma e do seu coração e Divaldo, por sua vez, sempre registrou em presença de Chico, admiração e postura de aprendiz, evitando cumulá-lo com problemas e preocupações pessoais. Ao contrário, sempre que podia, trazia uma história engraçada, uma narrativa terna, o relato de uma ou outra viagem quando Chico lhe pedia, estabelecendo com ele uma conversação amena, no intuito de suavizar-lhe o fardo. Isto sem que deixassem, naturalmente, de dialogar acerca de questões doutrinárias que a ambos interessassem.

O Movimento Espírita muito recentemente prestou e, quero crer, sempre prestará homenagens mais que merecidas a esse verdadeiro apóstolo do Bem e do Amor, que foi Chico Xavier. Homenagens que são um atestado vivo do carinho, da gratidão e da admiração que todos nutrimos por ele, mas, acredito que ele nunca as tenha buscado, nunca fez questão delas, pois amar, trabalhar e servir sempre foi a sua real bandeira.

Como parte também dessa admiração e desse carinho, não apenas a ele, mas igualmente a Divaldo, trazemos a lume as cartas[1] que ele endereçou ao médium baiano, as páginas destinadas a este, que recebeu dos Espíritos seu carinho e seu zelo com o amigo ainda iniciante e, mais tarde, já um trabalhador mais amadurecido, suas orientações mediúnicas e sua atenção com Nilson de Souza Pereira.

Há, nestas páginas, o registro do estímulo franco e fraterno sempre ofertado por Chico ao jovem que dava seus passos iniciais no universo de tarefas, que hoje lhe caracterizam a vida em sua romagem pelos caminhos do mundo.

Tentamos, com este livro, humanizar a relação de ambos, sempre tão idolatrados, endeusados e, muitas vezes, injustamente criticados e atacados. Especialmente por aqueles que, desconhecendo os prejuízos de uma crítica ferina, subtraem ao invés de somar, espalham ao invés de juntar. Felizmente, é a minoria que pensa assim, embora o ruído e o alarde que provoque nos tragam a ilusão de uma balbúrdia de grandes proporções.

---

[1] Na transcrição das cartas de Chico Xavier, respeitou-se a grafia original.

Por uma questão de atavismo e ignorância, nem sempre vemos certos médiuns, tais quais: Chico e Divaldo, como pessoas que possam ter necessidades comuns e iguais às nossas.

Perdemos de vista o quanto são gente, possuem limitações e necessitam, também, descansar, se alimentar, ler, conversar, ocupar o tempo de forma útil, com algo de que tenham vontade, mesmo porque têm este direito.

Muitas vezes, negamos tal prerrogativa aos médiuns dedicados, desejando até que estejam menos a serviço da Doutrina e do Movimento Espírita e mais ao nosso próprio serviço.

Creio piamente que não deva ter sido nada fácil ser Chico Xavier. E o mesmo digo de Divaldo Pereira Franco. Estar na pele deles, lidar com as descabidas exigências humanas, as comparações feitas entre o trabalho de um e de outro, as críticas veladas ou abertas, a inveja, as intrigas que tentaram fazer de modo a tisnar a imagem, a amizade e o caráter de ambos.

Oposto a isso, mas como face da mesma moeda que também coloca empecilhos e dificuldades no caminho dos trabalhadores da mediunidade, estão: as seduções dos elogios, o enaltecimento irracional, a idolatria cega e fanática que ignora a humanidade, as fragilidades e as necessidades de alguém que, antes de ser médium é um ser humano e não o contrário.

Chico sofreu isso e com Divaldo não foi, nem tem sido diferente.

Embora tenham contado com amigos sinceros nos dois planos da vida, tiveram de conviver muito de perto com a solidão. Não com a solidão infeliz, depressiva e doentia, mas a solidão com Jesus e seus guias, os únicos dos quais puderam receber auxílio e amor incondicional.

Por isso, a jornada desses dois amigos e líderes espíritas foi sempre a dos que percorrem um caminho cheio de urzes e armadilhas, colocadas tanto pelo mundo espiritual inferior, quanto pelas inferioridades de nossa própria alma, sequiosa de ídolos humanos, festejados em um andor e sem disposição corajosa de nossa parte, no sentido de fazermos o que ninguém, nem Jesus, fará em nosso lugar: empreender a própria transformação.

E, no quesito transformação, Chico e Divaldo nunca buscaram santidade.

Nunca pleitearam nem viveram a fim de alcançar a condição de mitos.

Nenhuma declaração ou postura de um ou de outro teve como intuito colocar-se acima do bem e do mal.

São dois corações que humanamente amaram e se amaram, respeitaram-se e se apoiaram mutuamente, ainda que alguns discordem do que aqui afirmamos e não negamos a ninguém esse direito, como, aliás, sabiamente está escrito em frase atribuída ao filósofo Voltaire: *Não concordo com nada do que dizes, nem uma vírgula, mas até a morte defenderei o teu direito de discordar de mim.*

Que aprendamos a discordar sem atacar pessoas e denegrir instituições, sem deixar de admitir os diferentes ângulos de uma história ou as várias facetas que uma personalidade possua.

Que nossas críticas sejam precedidas ou sucedidas sempre por uma autocrítica.

É procedendo assim que caminhamos no sentido da própria evangelização.

Se, em algum momento, algo ou alguém conspirou para afastá-los, o tempo se encarregou de mostrar o quanto a força da verdade, da fraternidade e do bom-senso sempre prevaleceram no caminho dos que têm em Jesus a referência para a própria conduta.

A amizade e o carinho que uniu esses dois Espíritos é aqui relembrada.

Divaldo nunca negou sua admiração por Chico Xavier e o quanto aprendeu com sua simplicidade, sabedoria, disciplina, fraternidade e liderança.

Somente agora, na idade em que se encontra, permitiu que essas mensagens, cartas, bilhetes viessem a público.[2] Não para se afirmar mais nada a seu respeito. Sua vida correta, integralmente dedicada ao Espiritismo, é a expressão viva do seu caráter, por isso mesmo dispensa defesas, apresentações e reconhecimentos. Esta correspondência que trazemos a lume é para que saibamos uma vez mais o quanto Divaldo sempre reconheceu em Chico um amigo querido, uma referência para a sua atual reencarnação.

Não quero, contudo, nivelar um ao outro, nem aproveitar as justas e merecidas homenagens hoje e sempre tributadas a Chico Xavier para saudar e destacar a vida de Divaldo. Não é este o intuito deste livro.

Ambos são únicos, singulares, sem substitutos, cada qual com suas características pessoais, intransferíveis como uma digital, diferentes como as pétalas de uma mesma rosa e distintos como as estrelas luminíferas brilhando na amplidão.

Que, inspirados na convivência pura e fraterna desses

---
[2] Algumas dessas mensagens foram publicadas no livro de Suely Caldas Schubert, *O Semeador de Estrelas*, editado pela Leal Editora.

dois corações, possamos igualmente repensar nossas relações no Movimento Espírita, sendo mais amigos uns dos outros, amando-nos como Jesus recomendou que nos amássemos.

Cezar Braga Said

Nova Iguaçu, 03 de agosto de 2010.

*Diga ao Divaldo que a mediunidade é uma tocha de luz e que ele tem sabido conduzir bem alto essa tocha e, de tal maneira que as sombras jamais o alcançarão. Que vá em frente, perseverando sempre na tarefa.*

*A humanidade é formada de duas partes: os que trabalham de verdade, pela verdade e aqueles que apenas assistem de palanque, sem compromissos maiores, criticando e fofocando sempre. A segunda parte jamais atingirá a primeira.*

*O homem vale por aquilo que realiza e a meta do trabalhador da Doutrina é Jesus! Não vou esquecer porque estou em plena crise de angina. Vou apenas mandar-lhe um livro para desopilar o fígado, pelas muitas fofocas.*

*Dê-lhe um grande abraço.*

*Chico Xavier*

(Bilhete de Chico para Divaldo, escrito na noite de 05/05/1984, data em que Divaldo completava 57 anos. A portadora do mesmo foi Dona Altiva Glória Fonseca Noronha, amiga de ambos).

## Prefácio
## Gratidão a Chico Xavier

Divaldo Pereira Franco

*Quando nos encontramos por primeira vez no corpo físico, nos idos de março de 1948, você me chamou de filho com uma ternura incomum, naturalmente como sempre o fez em relação a muitos que se acercaram, buscando socorro e comiseração, que você transformava em amor. Toda vez em que o busquei, desde aquele dia já recuado, sua bondade, feita de carinho e de confiança, distendeu-me auxílio generoso e cordial, auxiliando-me pela senda de espinhos.*

*No seu exemplo hauri as mais belas lições que enriquecem minha atual existência. Acompanhando a sua trajetória de luz nestes passados cinquenta e quatro anos de relacionamento fraternal, somente possuo motivos para bendizê-lo e homenageá-lo. Sempre o vi como mestre e sábio, embora você se recusasse a qualquer uma dessas posições. Fazendo-se humilde e discreto, tornou-se grandioso e invencível. Sem a presunção de ser guia e orientador das almas, transformou-se, incontestavelmente, no mais exemplar líder do Movimento Espírita que existiu, após o mestre de Lyon, conseguindo dirimir equívocos e esclarecer dúvidas com eloquente sabedoria e incomum gentileza que, ao invés de separar os litigantes, tornava-os irmãos. A sua abnegação no exercício da mediunidade, que jamais mercadejou sob qualquer pretexto que fosse, tornou-se o padrão seguro para o comportamento moral de todos quantos se afeiçoam ao intercâmbio espiritual. O seu gigantismo de missionário incomum deslumbra-me e comove-me. Em razão disso tudo, por mais busque palavras para expressar-lhe os meus sentimentos de amor, gratidão e ternura, percebo que não as tenho exatas, e que somente um grande silêncio, feito de respeito e consideração profunda, é que poderá expressar o que não consigo traduzir. Dessa forma, querido Chico Xavier, onde quer que você agora se encontre, nos páramos siderais, em uma dessas regiões felizes da Espiritualidade, suplico-lhe que interceda junto a Jesus por nós, os seus irmãos menores e menos ditosos da retaguarda, que prosseguimos na luta áspera do mundo em sombras deste momento. Jamais o esqueceremos, e o seu exemplo ficará como um divisor de águas em nosso Movimento, que tanto lhe deve, assinalando o antes e o depois de você, da sua vida extraordinária, dos seus sacrifícios incomuns, dos seus incomparáveis sentimentos de nobreza.*

    *Deus o abençoe!*

*Salvador, 02 de julho de 2002.*
Publicado na Revista **Reformador** de julho de 2002.

*Pedro Leopoldo, 14-3-50*

*Meu caro Divaldo*

*Um grande abraço de União e f[...]*

*Deus nos abençôe a todos*

# 01
# As cartas de Chico Xavier

*saudades, colhidos em [...]*
*coração para o seu, ab[...]*
*muito afetuosamente, o irmão*
*que não o esquece.*

*Chico*

## Primeira carta

Lastimo haver renascido distante da terra abençoada onde ressurgiste para a boa luta, mas, mesmo longe, seguir-te-ei os passos com os meus votos por tua vitória integral.

Chico Xavier

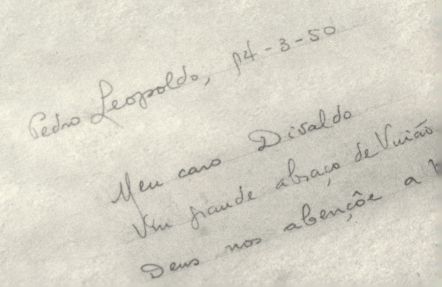

*Pedro Leopoldo, 03 de agosto de 1948.*

*Prezado amigo Divaldo.*

*Deus nos abençoe a todos.*

*Recebi tua carta hoje e apresso-me a dizer-te do bem que as tuas palavras me trouxeram. Tive a impressão de receber notícias de um amigo de muito tempo, tal o carinho espontâneo de tuas frases acolhedoras e generosas.*

*Não tive, assim, qualquer dúvida em escrever-te à vontade, sem cerimônia, pedindo-te a mesma intimidade para comigo.*

*Espero, pois, não me trates por "vós".*

*Sou apenas teu irmão mais velho e em se tratando de ti, - irmão mais jovem, todavia mais iluminado – cabe-me o dever de rogar-te desculpas pelo tom fraternal de minhas palavras.*

*Tuas notícias foram muito confortadoras para o meu coração. Falam-me de uma Terra nova, em que a juventude traz no Espírito a divina semente do mundo regenerado. Entusiasma-me a dedicação de tua mocidade ao nosso idealismo, dentro da Consoladora Doutrina que nos irmana. Através de tuas expressões ricas de bondade e ternura, sinto-te o coração ardendo em luz renovadora e peço ao nosso Mestre Divino abençoar-te os propósitos de trabalhar na edificação sublime do Amanhã. Estamos, sim, meu irmão, num grande combate. Combate pela felicidade humana na construção de nossa própria felicidade com o Cristo.*

*Lastimo haver renascido distante da terra abençoada onde ressurgiste para a boa luta, mas, mesmo longe, seguir-te-ei os passos com os meus votos por tua vitória integral.*

*A atualidade precisa de corações valorosos qual o teu, e espero que prossigas sem desânimo, campo afora.*

*Muito grato pelas tuas referências à minha apagada tarefa mediúnica. Nada tenho feito, meu caro. E espanta-me o devotamento dos Benfeitores Espirituais que, sem reparar minha deficiência e fragilidade, se utilizam de minhas pobres mãos para o serviço que lhes diz respeito. Podes crer que a caridade deles para comigo tem sido infinita e peço-te incluir-me em tuas orações para que eu, um dia, seja digno da amizade com que me tratam.*

*Emmanuel, André Luiz e o nosso grande Humberto hão de ajudar-te a vencer, com brilho, em todos os lances difíceis da nossa jornada.*

*Recolhendo tanto conforto em tua carta, espero não perder-te a amizade, portadora para mim de tanto estímulo. Sou empregado aqui numa repartição, cujos trabalhos nos compelem a viagens frequentes. Será esta a razão da demora de qualquer notícia minha, mas escrever-te-ei sempre.*

*Peço ao teu bom coração distribuir minhas lembranças com todos os amigos do grupo em que te integras.*

*Quando te for possível, estimaria receber-te um retrato. Teria muito prazer, guardando-te esta lembrança. Pode ser? Desde já, agradeço, muito reconhecidamente.*

*Reafirmo-te minha gratidão imensa pela alegria em que tuas notícias me envolveram a alma e, na expectativa de que me proporciones o contentamento de uma nova carta, pede a Jesus por tua paz e felicidade e abraça-te cordialmente o amigo e irmão muito agradecido.*

*Chico*
*Francisco Cândido Xavier*

A escritora e expositora espírita Suely Caldas Schubert, atualizada e estudiosa, se refere a essa carta em seu livro *O Semeador de Estrelas,* publicado pela Editora Leal, página 241, nos seguintes termos:

> *Jovem, com o coração voltado para o ideal de servir a Jesus, tem o primeiro contato com a obra mediúnica de Chico Xavier. Inteira-se de sua vida e vê nascer um sentimento profundo de respeito e carinho por aquele que elege para exemplo de devotamento e abnegação à causa espírita.*

Divaldo tinha em 1948 apenas 21 anos, uma cabeça cheia de sonhos e o ideal de servir a Jesus por meio do Espiritismo. Começava a educar as faculdades mediúnicas, que sempre estiveram presentes em sua vida, desde a infância e, quem sabe, desde outras recentes existências...

Chico possuía 38 anos e já era uma figura conhecida pelos livros que a sua belíssima faculdade psicográfica houvera captado. Natural, portanto, que o jovem Divaldo buscasse nele uma referência para a sua vida. Alguém que pudesse algo lhe ensinar, dar-lhe uma bússola a fim de que a sua travessia no tempestuoso mar da vida se fizesse mais segura, pois tudo fica mais fácil quando se tem amigos verdadeiros prontos a nos apoiar, advertir, apontar o caminho, deixando que as nossas próprias escolhas ditem o ritmo dos nossos passos.

A carta de Chico encheu o coração do jovem Divaldo de alegria, de múltiplas esperanças e de um senso de responsabilidade que lhe fazia pressentir as tarefas que viriam pela frente, que demandariam dedicação, disciplina, perseverança e imensa capacidade de se transformar, de modo a viver os princípios que havia abraçado. Além disso, necessitaria também desenvolver grande empatia, de modo a se pôr constantemente no lugar do outro. Não apenas o outro que sofre, padece, mas também o outro que critica, denigre, pergunta, perturba. Todo tipo de pessoa bem ou mal-intencionada que viesse cruzar seu caminho.

Assim como a criança que necessita de mãos amigas a segurarem as suas nos primeiros passos, nos movimentos iniciais em busca da descoberta e do desenvolvimento da autonomia, todos nós necessitamos de corações nos quais possamos nos inspirar. Chico foi, continua a ser e sempre será para espíritas e não espíritas uma referência positiva no trato com a mediunidade, no exercício da convivência humana, na prática da lídima caridade, na recordação constante do amor que Jesus nutre por nós e que necessitamos desenvolver uns pelos outros.

Foi apoiado em tais exemplos, além daqueles recebidos em seu próprio lar, que Divaldo iniciou sua trajetória de lutas, lutas internas em busca da sua própria transformação, lutas que prosseguem, pois nunca se achou pronto nem considerou que houvesse terminado seu labor íntimo, pessoal e silencioso.

Quanto mais prossegue nessa lida, com seu cortejo de tarefas, mais a serenidade e a paz brotam de seu coração, à semelhança de uma fonte singela que não cessa de jorrar a linfa cristalina do seio da terra de onde desponta. E, quanto mais se dá, mais prazer encontra nesse exercício de servir.

Imaginemos o coração descompassado do jovem Divaldo recebendo a carta, abrindo o envelope e lendo a afirmação de que Chico tinha a impressão de receber notícias de um velho amigo.

A afirmação de que os Espíritos Emmanuel, André Luiz e Humberto de Campos o ajudariam, deixou seu coração repleto de coragem, bom ânimo, e entusiasmo pela tarefa que principiava.

Deveríamos proceder assim com todos os que iniciam seus labores, oferecendo-lhes mais estímulos e menos críticas, mais apoio e menos exigências, mais proximidade e menos distanciamento, diretrizes fraternas e doutrinárias, nunca submissão às nossas ideias e pontos de vista.

Divaldo não entronizou Chico como seu guru, nem Chico a isso se permitiu, mas o elegeu como um amigo. E o médium mineiro soube corresponder a essa amizade, de forma humana, ao longo dos anos que marcaram a convivência de ambos.

Chico o incluiu no rol dos tarefeiros que, combatendo o bom combate, trabalham pela conquista da felicidade própria e de toda a coletividade. Pediu-lhe para que dispensasse a formalidade, o tratasse por você, pois assim ficaria mais fácil o estreitamento dos laços.

Ao mesmo tempo, ressaltou sua fragilidade, suas limitações humanas e mediúnicas, como a dizer ao jovem Divaldo que, se possível, o visse como era e não como todos julgavam que ele, Chico, fosse.

Seria muito bom que, em nossos arraiais, não tivéssemos tanta expectativa em relação aos médiuns, nem esperássemos da parte deles santidade ou disponibilidade absoluta para nos atender, entender e se colocar a nosso serviço.

Ao fazermos isso estamos esquecendo que todo médium tem vontade própria, é um cidadão, um homem no mundo, um Espírito reencarnado passando também por provas e expiações, necessitando, portanto, de carinho, estímulo, críticas construtivas e fraternas, de modo que possa dar conta, de forma satisfatória, da tarefa previamente abraçada no Mundo Espiritual.

Quando Chico sinalizou para Divaldo suas limitações, não o fez por meio de um exercício de humildade apenas, mas de plena consciência do que precisava transformar em sua própria alma, ainda que muitos que tenham convivido com ele não acreditassem em aspectos a serem corrigidos ou imperfeições a serem vencidas. Mas, foi ele próprio quem, tantas vezes, ressaltou o quanto tinha necessidade das preces, da tolerância e da compreensão de todos para com as suas fragilidades.

Tinha dimensão da tarefa que veio executar e a executou magistralmente, a ponto de ser respeitado por outros religiosos pelos exemplos maravilhosos que deu. Mas nunca perdeu de vista o que o separava dos Seres Superiores com os quais convivia e que programaram sua reencarnação.

Chico foi humano e não me parece que desejasse ser lembrado de outra maneira, assim como nos comove a dimensão humana de Jesus, muito mais do que os aspectos míticos que envolvem a Sua figura.

Fiel como sempre se mostrou aos preceitos do Evangelho e à figura de Jesus, a humanidade de Chico nunca será esquecida por aqueles que tiveram a felicidade de viver no mesmo século em que ele viveu.

Ele é para todos nós a personificação do Homem de Bem, conforme encontramos no capítulo XVII de *O Evangelho Segundo o Espiritismo*.

## *O homem de bem*

*O verdadeiro homem de bem é o que cumpre a lei de justiça, de amor e de caridade, na sua maior pureza. Se ele interroga a consciência sobre seus próprios atos, a si mesmo perguntará se violou essa lei, se não praticou o mal, se fez todo o bem que podia, se desprezou voluntariamente alguma ocasião de ser útil, se ninguém tem qualquer queixa dele; enfim, se fez a outrem tudo o que desejara lhe fizessem. Deposita fé em Deus, na Sua bondade, na Sua justiça e na Sua sabedoria. Sabe que sem a Sua permissão nada acontece e se Lhe submete à vontade em todas as coisas. Tem fé no futuro, razão por que coloca os bens espirituais acima dos bens temporais. Sabe que todas as vicissitudes da vida, todas as dores, todas as decepções são provas ou expiações e as aceita sem murmurar. Possuído do sentimento de caridade e de amor ao próximo, faz o bem pelo bem, sem esperar paga alguma; retribui o mal com o bem, toma a defesa do fraco contra o forte, e sacrifica sempre seus interesses à justiça. Encontra satisfação nos benefícios que espalha, nos serviços que presta, no fazer ditosos os outros, nas lágrimas que enxuga, nas consolações que prodigaliza aos aflitos. Seu primeiro impulso é para pensar nos outros, antes de pensar em si, é para cuidar dos interesses dos outros antes do seu próprio interesse. O egoísta, ao contrário, calcula os proventos e as perdas decorrentes de toda ação generosa. O homem de bem é bom, humano e benevolente para com todos, sem distinção de raças, nem de crenças, porque em todos os homens vê irmãos seus. Respeita nos outros todas as convicções sinceras e não lança anátema aos que como ele não pensam. Em todas as circunstâncias, toma por guia a caridade, tendo como certo que aquele que prejudica a outrem com palavras malévolas, que fere com o seu orgulho e o seu desprezo a suscetibilidade de alguém, que não recua à ideia de causar um sofrimento, uma contrariedade, ainda que ligeira, quando a pode evitar, falta ao dever de amar o próximo e não merece a clemência do Senhor. Não alimenta ódio, nem rancor, nem desejo de vingança; a exemplo de Jesus perdoa e esquece as ofensas e só dos benefícios se lembra, por saber que perdoado lhe será conforme houver perdoado. É indulgente para as fraquezas alheias, porque sabe que também necessita de indulgência e tem presente esta sentença do Cristo: "Atire-lhe a primeira pedra aquele que se achar sem pecado". Nunca se compraz em rebuscar os defeitos alheios, nem, ainda, em evidenciá-los. Se a isso se vê obrigado, procura sempre o bem que possa atenuar o mal. Estuda suas próprias imperfeições e trabalha incessantemente em combatê-las. Todos os esforços emprega para poder dizer, no dia seguinte, que alguma coisa traz em si de melhor do que na véspera. Não procura dar valor ao seu espírito, nem aos seus talentos, a expensas de outrem; aproveita, ao revés, todas as ocasiões para fazer ressaltar o que seja proveitoso aos outros. Não se envaidece da sua riqueza, nem de suas vantagens pessoais, por saber que tudo o que lhe foi dado pode ser-lhe tirado. Usa, mas não abusa dos bens que lhe são concedidos, porque sabe que é um depósito de que terá de prestar contas e que o mais prejudicial emprego que lhe pode dar é o de aplicá-lo à satisfação de suas paixões. Se a ordem social colocou sob o seu mando outros homens, trata-os com bondade e benevolência, porque são seus iguais perante Deus; usa da sua autoridade para lhes levantar o moral e não para os esmagar com o seu orgulho. Evita tudo quanto lhes possa tornar mais penosa a posição subalterna em que se encontram. O subordinado, de sua parte, compreende os deveres da posição que ocupa e se empenha em cumpri-los conscienciosamente. Finalmente, o homem de bem respeita todos os direitos que aos seus semelhantes dão as leis da Natureza, como quer que sejam respeitados os seus. Não ficam assim enumeradas todas as qualidades que distinguem o homem de bem; mas, aquele que se esforce por possuir as que acabamos de mencionar, no caminho se acha que a todas as demais conduz.*

*Segunda carta*

*Emmanuel, o nosso abnegado benfeitor, costuma dizer que "a palavra de um amigo é semelhante à bênção da chuva sobre uma terra sedenta". E receberei tuas notícias com essa alegria do solo quando se sente feliz.*

*Chico Xavier*

*Amigos para Sempre*

Pedro Leopoldo, 22 de agosto de 1948.

Meu caro Divaldo.

Muita saúde e paz ao teu bom coração e a todos os que te acompanham no caminho da vida.

Tua mensagem de 17 deste mês chegou às minhas mãos. É interessante para mim notar a tua amizade, como sendo a de um amigo de muito tempo. Na estrada confortadora do Espiritismo, encontramos um raro consolo – o de nos sentirmos em família, uns com os outros, irmanados no amor que Jesus nos ensinou. É uma alegria sublime recebermos a bênção do afeto por parte de corações a que nos sentimos imantados.

Agradeço, comovidamente, o carinho de tuas palavras. A verdade, meu caro Divaldo, é que embora estejamos usando corpos na execução das tarefas a que o Senhor nos chamou, somos almas residindo transitoriamente num abençoado lar – a Terra. Dizem os nossos amigos Espirituais que a forma de carne é um uniforme pesado em que trabalhamos no resgate do pretérito inferior, mas, com a graça de Deus, acrescentam que já somos prisioneiros em "livramento condicional". Durante algumas horas, cada dia, é possível deixar a veste densa e ensaiar a liberdade do futuro. Nesses momentos, nós outros, que nos afinamos no ideal, estamos juntos, não é verdade? É assim que tenho enviado ao teu coração os meus pensamentos de amizade, alegria e gratidão pela ternura espontânea com que vieste ao meu encontro.

Estou muito contente com a notícia dos teus progressos em doutrina. A golpes de esforço conseguirás, cada vez mais luz dessa luz sublime que a tua bondade já distribui fartamente conosco.

*Formulo votos ardentes para que a tua mocidade se encha de flores e frutos de sabedoria e de amor com o Cristo. Espero que a tua jornada, através de nosso caminho na fé, represente marcha triunfal de realizações benditas e imperecíveis.*

*Sente-se a renovação da Terra por todos os lados e eu espero que sejas um desses trabalhadores valorosos, decidido a perseverar com Jesus até o fim da batalha.*

*Escreve-me sempre que desejares, convicto de que te recebo as notícias com o coração. Emmanuel, o nosso abnegado benfeitor, costuma dizer que "a palavra de um amigo é semelhante à bênção da chuva sobre uma terra sedenta". E receberei tuas notícias com essa alegria do solo quando se sente feliz.*

*Gratíssimo pelas notícias de tua atual posição. Também por minha vez sou funcionário público e trabalho na Inspetoria Regional da Divisão de Fomento da Produção Animal, do Ministério da Agricultura, em Minas. Perdoa tantos nomes para uma só repartição. Aí na Bahia, a repartição irmã da nossa está situada em Catu.*

*Esperarei o futuro para dar-te o meu abraço pessoal. Até lá, dá-me sempre tuas notícias, sim? Muito me envaideço com a tua amizade.*

*Estou com o desejo de enviar-te algum livro, mas fá-lo-ei pelo correio comum, na primeira oportunidade.*

*Minhas lembranças a todos os que te seguem neste mundo e aceita meus votos de muita felicidade e paz. Um abraço aos teus companheiros de grupo doutrinário. E na expectativa de não perder-te as notícias, sempre que puderes me proporcionar semelhante prazer, abraça-te, cordialmente, o amigo e irmão muito grato.*

*Chico*

Nessa singela carta, Chico menciona a imensa família espírita, nos fazendo lembrar Allan Kardec quando, *na Revista Espírita de 1862*, precisamente no mês de fevereiro, no artigo intitulado *Resposta dirigida aos Espíritas Lioneses por ocasião do ano-novo*, sinaliza que os espíritas que se agrupam segundo o verdadeiro espírito da Doutrina, motivados por um sentimento sincero, jamais se sentirão estranhos uns aos outros e que, não podendo todos residir sob o mesmo teto, morarão em lugares separados, salientando que a rivalidade entre eles seria uma insensatez.

Divaldo é visto por Chico como um amigo e irmão pertencente a essa família, em que os que a integram possuem laços sinceros e verdadeiros, se respeitam e se estimam reciprocamente, um desejando o bem-estar do outro.

Afirma que, mesmo distantes fisicamente, é possível programar encontros durante o sono físico quando, liberto do corpo, estreita-se laços, desenvolve-se tarefas, e se aprende sempre.

É a faculdade de desdobramento, citada e analisada por Allan Kardec em *O Livro dos Médiuns*, capítulo VII, quando examina o fenômeno da bicorporeidade em que, além da visibilidade, o Espírito pode adquirir igualmente a tangibilidade.

No livro *O Paulo de Tarso dos nossos dias*[3], a autora, uma querida companheira do Rio de Janeiro, menciona um desses encontros entre Chico e Divaldo. Narra que Divaldo havia chegado de uma série de palestras fora do país e, depois das atividades habituais a que se entrega, quando está em Salvador, foi dormir muito tarde, sentindo vontade enorme de

---
[3] Ana Maria SPRÄNGER, *O Paulo de Tarso dos nossos dias,* cap. 41.

falar com Chico, matar as saudades do velho amigo, contar-lhe as novidades, ouvi-lo também. E, fora do corpo, encontrou seu querido companheiro, recebendo dele a indagação da razão daquele aperto no coração. Conversaram e Chico lhe recomendou a leitura de dois livros, um inclusive, psicografado pelo próprio Divaldo, *Celeiro de Bênçãos* que, embora sendo ele o médium pelo qual o livro havia sido concebido, curiosamente, não se havia debruçado sobre o mesmo com mais vagar e atenção, de modo a estudá-lo e poder assimilar suas preciosas lições. O outro livro levou Divaldo até uma livraria a fim de comprá-lo e, para espanto da vendedora, que não localizava o título, disse-lhe que fora uma recomendação de Chico Xavier durante um sonho. Procura daqui e dali, o livro foi encontrado e devidamente lido.

O fato reforça para nós a sublimidade de um intercâmbio feliz, fora do corpo, entre aqueles que se querem bem, da mesma forma que será infeliz entre os que se perseguem ou se reúnem com o intuito de praticar o mal.

A respeitada médium Yvonne A. Pereira narra, em sua obra *Recordações da Mediunidade,* algumas de suas experiências fora do corpo físico, ajudando-nos a entender como isso se processa, os cuidados que devemos ter e o aprendizado que é possível se fazer com a vivência e o estudo desse fenômeno.

Essa segunda carta de Chico é portadora de estímulos sinceros ao jovem Divaldo, necessitado de apoio e encorajamento em meio às dúvidas e inseguranças que nos tomam de assalto no início de qualquer tarefa, ainda mais quando se é jovem.

Chico não negou carinho, nem ficou preocupado com a vaidade do jovem que o buscava. Sabia que aquele moço tinha pureza em suas intenções, ainda inquieto, é verdade, mas quem não é ou não foi em seus verdes anos? Quem nunca foi idealista e desejou transformar o mundo? Ainda que a juventude atual, em alguns momentos pareça ir por outros caminhos, não percamos de vista que toda uma geração nova se encontra reencarnada e continuará a reencarnar para a grande transformação que se vem processando. Exatamente como nos fala o Codificador em *A Gênese*, cap. XVIII. A percepção dessa mudança somente será possível para quem tiver: *olhos de ver e ouvidos de ouvir*, assim como disse Jesus.

Chico foi muito claro: *Continue se esforçando, o mundo necessita de exemplos e dedicação semelhantes aos seus,* como a dizer ao jovem que não desistisse, seguisse adiante, pois era capaz de conquistar e usufruir de paz indizível que somente viria com o tempo, com a perseverança e a maturidade.

Para nossa alegria Divaldo prosseguiu!

Da mesma forma que ver amigos queridos perseverando é também uma alegria para o seu coração sensível e companheiro e, isso somente percebe quem de fato o conhece e desvenda por detrás do médium e orador espírita Divaldo Pereira Franco, a espontânea presença de *Di*. O companheiro descontraído, espirituoso, amigo zeloso e fiel daqueles que conquistaram sua admiração e seu coração.

Divaldo é humano e, decerto, nunca pretendeu ser visto de outra maneira. Mas, nessa busca humana por ídolos, igualmente o entronizamos como alguém com o dever de servir à multidão e a nós em particular, de sempre dizer *sim* aos nossos caprichos, nos ouvindo, nunca podendo ter qualquer outra reação que não seja aquela que nós esperamos e que julgamos deva ter qualquer médium espírita com as faculdades que ele possui.

Quando isso não ocorre, surgem os descontentamentos, as desconfianças, o amor próprio ferido, o despeito com tudo o que o companheiro já realizou e ainda tenta plasmar com seus esforços e ações.

Humanizar os médiuns não é uma tentativa de rebaixá-los, ante a impossibilidade momentânea de nos elevarmos até eles. É vê-los como eles são, ou seja, mais experientes e amadurecidos, em muitos aspectos, do que nós e, até infantis em outros, mas, com necessidades semelhantes, especialmente as de afeto sincero e amigos verdadeiros, de modo a terem algum apoio para a difícil e espinhosa travessia pela Terra.

O que espanta não são os ataques das sombras, as críticas infundadas de outros segmentos religiosos, quando resolvem se ocupar com questões pertinentes ao Espiritismo. O que espanta é ver espíritas competindo com espíritas, irmãos atacando irmãos, esforços legitimamente doutrinários recebendo comentários ferinos. Isto, sim, é lamentável, contraproducente, antidoutrinário.

Que cada um de nós procure fazer um inventário de suas próprias ações e intenções de modo a não perdermos mais tempo, distraídos com os outros e despreocupados conosco.

Chico, o homem-ternura, sinaliza com sua vida a importância do amor amigo, solidário, companheiro. E foi nessa fonte singela que Divaldo aplacou sua sede de diretrizes em seus passos iniciais.

Divaldo foi ao encontro de um homem, não apenas Bom e de Bem, foi ao encontro de um homem inteligente, sábio, cujas características são apresentadas pelo Espírito Ferdinando no capítulo VII, item 13 de *O Evangelho Segundo o Espiritismo*.

## Missão do homem inteligente na Terra

*Não vos ensoberbais do que sabeis, porquanto esse saber tem limites muito estreitos no mundo em que habitais. Suponhamos sejais sumidades em inteligência neste planeta: nenhum direito tendes de envaidecer-vos. Se Deus, em seus desígnios, vos fez nascer num meio onde pudestes desenvolver a vossa inteligência, é que quer a utilizeis para o bem de todos; é uma missão que vos dá, pondo-vos nas mãos o instrumento com que podeis desenvolver, por vossa vez, as inteligências retardatárias e conduzi-las a ele. A natureza do instrumento não está a indicar a que utilização deve prestar-se? A enxada que o jardineiro entrega a seu ajudante não mostra a este último que lhe cumpre cavar a terra? Que diríeis, se esse ajudante, em vez de trabalhar, erguesse a enxada para ferir o seu patrão? Diríeis que é horrível e que ele merece ser expulso. Pois bem: não se dá o mesmo com aquele que se serve da sua inteligência para destruir a ideia de Deus e da Providência entre seus irmãos? Não levanta ele contra o seu senhor a enxada que lhe foi confiada para arrotear o terreno? Tem ele direito ao salário prometido? Não merece, ao contrário, ser expulso do jardim? Sê-lo-á, não duvideis, e atravessará existências miseráveis e cheias de humilhações, até que se curve diante dAquele a quem tudo deve. A inteligência é rica de méritos para o futuro, mas, sob a condição de ser bem empregada. Se todos os homens que a possuem dela se servissem de conformidade com a vontade de Deus, fácil seria, para os Espíritos, a tarefa de fazer que a Humanidade avance. Infelizmente, muitos a tomam instrumento de orgulho e de perdição contra si mesmos. O homem abusa da inteligência como de todas as suas outras faculdades e, no entanto, não lhe faltam ensinamentos que o advirtam de que uma poderosa mão pode retirar o que lhe concedeu.*

## *Terceira carta*

*Prossegue em teu ministério cheio de coragem e fé. Que a nossa Mãe Santíssima acalente teu coração em seu Regaço Divino, multiplicando as tuas forças para a grande tarefa que o céu te confiou.*

*Chico Xavier*

Pedro Leopoldo, 25-4-50
Ao caro irmão Divaldo, uma lembrança da "Festa do Livro Espírita" do —
Abraços do
Chico

*Pedro Leopoldo, 17 de junho de 1949.*

*Meu caro Divaldo.*

*Muita paz e alegria é o que te desejo ao bom coração.*

Meu querido amigo, recebi tua carta última, com o formoso presente – o teu retrato que eu ambicionava possuir, desde muito tempo. Não sei como agradecer-te. Só mesmo Jesus, o nosso Amigo Celestial, te poderá retribuir na medida de teu mérito, enchendo-te o caminho de estrelas de felicidade e luz.

Não sei se esta carta chegará às tuas mãos! Em verdade, sempre que me é possível, envio-te as minhas notícias, mas parece, amado maninho, que as missivas desaparecem no voo... Crê, porém, que desde a tua primeira carta não mais te esqueci. A tua bondade e compreensão permanecem invariavelmente em minha lembrança.

Quando aqui estiveram nossos irmãos Sr. Santiago e Senhora, daí de Salvador, minha primeira pergunta foi sobre o estimado amigo e companheiro de lutas. E, ainda, ultimamente, quando o nosso irmão Peralva nos deu a satisfação de sua visita pessoal aqui em Pedro Leopoldo, foi um prazer indizível para mim ouvi-lo falar a teu respeito.

Agradeço-te, bom amigo, quanto de consolação tens me proporcionado com as tuas cartas generosas que tanto reconforto me trazem ao espírito.

Continuo a pedir aos nossos Benfeitores do Alto por teu constante fortalecimento na mediunidade. Espero em Jesus que tua prosperidade espiritual continue crescendo sempre. Prossegue em teu ministério cheio de coragem e fé. A dúvida é sempre um espinho *envenenado no coração do trabalhador. Diz-nos Emmanuel que a autoria de todo o bem, no fundo, pertence a Jesus, nosso Mestre e Senhor, e, se não passamos de pequeninos servos dEle, que o céu nos ajude a bem cumprir as obrigações que nos cabem. Não tenho qualquer dúvida quanto às mensagens que vens recebendo do Irmão X e só peço a Jesus que continues animado e forte em teu apostolado. Ver a tua mocidade consagrada ao Evangelho é uma grande ventura para mim. Que a nossa Mãe Santíssima acalente teu coração em seu Regaço Divino, multiplicando as tuas forças para a grande tarefa que o céu te confiou.*

*Espero, meu caro irmão, que não me deixes sem as tuas notícias, sim? Tuas palavras sempre me trazem grande bem à alma. Deus te recompense.*

*Com um grande e apertado abraço, de coração para coração, sou o amigo e irmão muito reconhecido.*

*Chico*

Mais uma vez Chico expressa seu contentamento pela carta que Divaldo lhe envia e, particularmente, pelo retrato que já havia anteriormente solicitado. Além de seguir enviando estímulos ao jovem missivista para que prossiga intimorato, sugere-lhe abandonar a dúvida que paralisa e impede a germinação da boa semente.

Divaldo relata ao amigo que estava recebendo mensagens do Irmão X e, considerando que Chico já mantinha fecundo e estreito contato com esse Espírito, solicita orientações e a opinião do companheiro mais tarimbado e amadurecido no exercício da mediunidade psicográfica. Chico é bem claro e direto. Afirma não ter qualquer dúvida quanto à autenticidade das mensagens.

É digno de nota registrar que, nessa época, a ação movida pela família de Humberto de Campos já havia tido uma conclusão por parte da justiça, graças a Deus, favorável tanto à Federação Espírita Brasileira – FEB quanto a Chico. Todo o desenrolar do processo pôde ser conhecido na obra *A Psicografia ante os tribunais*, de autoria de Miguel Timponi, publicação da FEB.

Imaginemos que alegria deve ter sentido o jovem espírita baiano ao constatar que o mesmo Irmão X, que se comunicava por meio de Chico, também se manifestava por seu intermédio. Receber de Chico Xavier tal endosso e chancela deve ter tido um significado muito especial para ele, um rapaz ainda iniciante no campo da psicografia.

O critério da universalidade dos ensinos, inserido na introdução de *O Evangelho Segundo o Espiritismo*, para a análise de nosso intercâmbio com o mundo maior, se fez presente, dispensando Divaldo de dúvidas e maiores preocupações, mas não o eximindo da necessidade de vigilância e estudo, tanto do Espiritismo quanto de suas próprias faculdades mediúnicas.

Embora fosse o mesmo Espírito não significava que desejasse desenvolver tarefas semelhantes com um e outro. Tanto é verdade que Humberto de Campos nunca ditou livro algum a Divaldo e, considerando a singularidade mediúnica que sempre assinalou a trajetória de ambos, parece que esse Espírito veio trazer estímulos ao jovem médium, ser mais um, além de outros tantos, a contribuir para o exercício e aperfeiçoamento de suas faculdades.

Se há uma dúvida que paralisa e nos torna céticos, há outra necessária e bem-vinda, para que não sejamos joguetes nas mãos de Espíritos inferiores, desejosos de nos expor ao ridículo por meio de nossos escritos mediúnicos.

É importante lembrar que Chico também vivenciou seus momentos de dúvida, especialmente no início de suas tarefas. Encontramos em *Parnaso de Além Túmulo*, em "Palavras Minhas", ele se expressando da seguinte maneira: *Serão das personalidades que as assinam? – É o que não posso afiançar. O que posso afirmar, categoricamente, é que, em consciência, não posso dizer que são minhas, porque não despendi nenhum esforço intelectual ao grafá-las no papel.*

Ter tido tais dúvidas de modo algum diminui a personalidade e a mediunidade de Chico, somente evidencia sua dimensão humana e nos faz perceber que qualquer início é marcado por incertezas.

Caso Chico não tivesse mediunidade ostensiva alguma, ainda assim restaria um ser humano maravilhoso que, por certo, não ficaria de braços cruzados e trabalharia ao máximo para diminuir as dores e sofrimentos existentes no mundo.

Diz Suely Caldas Schubert que:

> [...] *a dúvida é, até certo ponto, atitude saudável, que reflete o senso de honestidade do médium, que se interroga sobre a autenticidade da sua produção mediúnica, avaliando assim a sua qualidade. Por isso é um impulso natural de toda pessoa que raciocina e se autoanalisa. O contrário, o aceitar-se tudo cegamente é que é prejudicial. Com o tempo as dúvidas desaparecem, pois muitas pequenas provas de legitimidade vão sendo proporcionadas ao médium pelos Espíritos que o assessoram.*[4]

---

[4] Suely Caldas SCHUBERT, *Testemunhos de Chico Xavier*, in "Memórias de um suicida".

Necessitamos nos vacinar diariamente contra a vaidade e a presunção, que sempre surgem quando nos achamos infalíveis e com dons mediúnicos ou traços de personalidade acima de quaisquer suspeitas, sem necessidade alguma de transformação.

Quando isso ocorre acabamos por nos afastar da autocrítica, tão necessária e indispensável ao bom exercício das nossas faculdades sob as diretrizes espíritas, pois, como sabemos e nunca é demasiado lembrar, muita gente é médium, mas não necessariamente médium espírita, da mesma maneira que nem todo livro mediúnico é um livro espírita.

Entre a dúvida que nos leva a *empacar* e a vaidade que nos conduz ao desejo de destaque, temos de encontrar o equilíbrio e Chico aponta a chave nessa carta. Diz, com lógica e sabedoria, que, de acordo com Emmanuel, a autoria de todo o Bem, no fundo, pertence a Jesus, nosso Mestre e Senhor e não passamos de pequeninos servos dEle.

Assim, todo destaque, reconhecimento, homenagem, devemos tributar a Ele, que nos empresta os talentos e deseja ver-nos multiplicando-os a nosso e a benefício de nossos irmãos.

Todo bom médium e trabalhador espírita há de lembrar sempre, que todo o Bem, seja ele acanhado ou ousado, titubeante ou firme, esporádico ou frequente, tem seu nascedouro e sua inspiração no coração amoroso de Jesus, o Divino amigo dos nossos corações.

A clara percepção de que tudo o que temos é empréstimo divino e que, em algum momento, prestaremos contas do que nos foi emprestado, deveria nos conduzir a um estágio de mais simplicidade e menos vaidade, mais humildade e menos presunção, de modo a executar nossas tarefas com mais alegria, naturalidade e vigilância.

Ao mesmo tempo é importante que sempre tenhamos cautela contra os falsos profetas da erraticidade, como nos explica o Espírito Luís na mensagem recebida em Bordéus, em 1861 e inserida por Kardec no capítulo XXI de *O Evangelho Segundo o Espiritismo* e, considerando que não há perfeição mediúnica sobre a face da Terra, todos nós podemos colaborar independentemente das faculdades que nos caracterizem as ações e iniciativas.

Jesus não convida almas perfeitamente educadas e amadurecidas para o trabalho de instalação do Seu Reino nos corações humanos.

Ele conta conosco!

Façamos, portanto, a nossa parte.

### *Os falsos profetas*

> *Se vos disserem: "O Cristo está aqui", não vades; ao contrário, tende-vos em guarda, porquanto numerosos serão os falsos profetas. Não vedes que as folhas da figueira começam a branquear; não vedes os seus múltiplos rebentos aguardando a época da floração; e não vos disse o Cristo: Conhece-se a árvore pelo fruto? Se, pois, são amargos os frutos, já sabeis que má é a árvore; se, porém, são doces e saudáveis, direis: "Nada que seja puro pode provir de fonte má". É assim, meus irmãos, que deveis julgar; são as obras que deveis examinar. Se os que se dizem investidos de poder divino revelam sinais de uma missão de natureza elevada, isto é, se possuem no mais alto grau as virtudes*

*cristãs e eternas: a caridade, o amor, a indulgência, a bondade que concilia os corações; se, em apoio das palavras, apresentam os atos, podereis então dizer: Estes são realmente enviados de Deus. Desconfiai, porém, das palavras melífluas, desconfiai dos escribas e dos fariseus que oram nas praças públicas, vestidos de longas túnicas. Desconfiai dos que pretendem ter o monopólio da verdade! Não, não, o Cristo não está entre esses, porquanto os que ele envia para propagar a sua santa doutrina e regenerar o seu povo serão, acima de tudo, seguindo-lhe o exemplo, brandos e humildes de coração; os que hajam, com os exemplos e conselhos que prodigalizem, de salvar a humanidade, que corre para a perdição e pervaga por caminhos tortuosos, serão essencialmente modestos e humildes. De tudo o que revele um átomo de orgulho, fugi como de uma lepra contagiosa, que corrompe tudo em que toca. Lembrai-vos de que cada criatura traz na fronte, mas principalmente nos atos, o cunho da sua grandeza ou da sua inferioridade. Ide, portanto, meus filhos bem-amados, caminhai sem tergiversações, sem pensamentos ocultos, na rota bendita que tomastes. Ide, ide sempre, sem temor; afastai, cuidadosamente, tudo o que vos possa entravar a marcha para o objetivo eterno. Viajores, só por pouco tempo mais estareis nas trevas e nas dores da provação, se abrirdes o vosso coração a essa suave doutrina que vos vem revelar as leis eternas e satisfazer a todas as aspirações de vossa alma acerca do desconhecido. Já podeis dar corpo a esses silfos ligeiros que vedes passar nos vossos sonhos e que, efêmeros, apenas vos encantavam o espírito, sem coisa alguma dizerem ao vosso coração. Agora, meus amados, a morte desapareceu, dando lugar ao anjo radioso que conheceis, o anjo do novo encontro e da reunião! Agora, vós que bem desempenhado haveis a tarefa que o Criador confia às suas criaturas, nada mais tendes de temer da sua justiça, pois ele é pai e perdoa sempre aos filhos transviados que clamam por misericórdia. Continuai, portanto, avançai incessantemente. Seja vossa divisa a do progresso, do progresso contínuo em todas as coisas, até que, finalmente, chegueis ao termo feliz da jornada, onde vos esperam todos os que vos precederam.*

## Quarta carta

*Seu coração é um instrumento para as vozes divinas do céu. Quando se fazem ouvir, por seu intermédio, nossas almas se aquietam para escutar e, por minha vez não sei o que mais admirar, se o cântico que verte do Alto através de você, convertido em harpa humana, ou se a harpa que é você traduzindo a mensagem do Alto.*

*Chico Xavier*

*Pedro Leopoldo, 14 de março de 1950.*

*Meu caro Divaldo.*

*Um grande abraço de União e Amizade.*

*Deus nos abençoe a todos.*

*Não sei se tornarei a abraçar você na presente semana e, na incerteza, quero agradecer ao seu carinhoso coração quanto me proporcionou em alegria e felicidade em suas rápidas visitas a Pedro Leopoldo.*

*Creia Divaldo, se você já era amado por nós, antes de o abraçarmos "em espírito e verdade", nesta encarnação, agora que tivemos a ventura de entrar em contato direto com a sua grande alma, nosso amor por você cresceu muito mais.*

*Não podia, por isso, deixar de endereçar-lhe o meu carinho e reconhecimento nas vésperas de sua volta ao Salvador.*

*Atenda meu querido irmão, ao seu roteiro sublime. Seu coração é um instrumento para as vozes divinas do céu. Quando se fazem ouvir, por seu intermédio, nossas almas se aquietam para escutar e, por minha vez não sei o que mais admirar, se o cântico que verte do Alto através de você, convertido em harpa humana, ou se a harpa que é você traduzindo a mensagem do Alto.*

*Deus abençoe a sua estrada de missionário.*

*E por onde você passa, lembre-se de que deixou aqui um punhado de irmãos que o querem imensamente e, em suas preces, recorde-se a sua bondade de mim, alma em prova que sou, rogando ao nosso Divino Médico para que minhas feridas espirituais sejam curadas. O caminho da Terra é empedrado e, muitas vezes, sentimos o peso dos obstáculos a impedir-nos o passo. Preciso caminhar para frente e corresponder, de algum modo, à confiança dos nossos Maiores e sem a oração dos que amamos é difícil avançar.*

*Acompanharei seus triunfos espirituais em silêncio, rejubilando-me com a sua vitória na missão escolhida. E minhas rogativas serão também endereçadas ao Alto para que a sua passagem pelo mundo seja um hino de paz e alegria para todos.*

*Quando você chegar ao Salvador abrace por mim ao nosso dedicado Nilson. Que ele continue sendo um carinho vivo e incessante, ao seu lado. Minhas lembranças a todos os que seguem os seus passos em família e, enviando a você um ramo de saudades, colhido no meu coração para o seu, abraça-o, muito afetuosamente, o irmão que não o esquece.*

*Chico*

É surpreendente a inesgotável capacidade de amar de Chico.

Seja em sua presença, seja naquilo que escreve externando seus sentimentos, tudo nos remete ao amor que marcou sua passagem entre nós. Amor inspirado em Jesus, que ele seguiu como poucos, enquanto esteve reencarnado e a quem sempre se remeteu como inspiração maior para a sua vida.

Chegou inclusive a dizer que, se um dia tirassem Jesus do Espiritismo, ele seguiria com o Cristo, pois nEle reconhecia o sol de nossas existências e o provedor de todas as nossas necessidades.

Se nosso modelo foi e sempre será Jesus, entre nós e Ele temos Chico e Divaldo como exemplos próximos, tangíveis, a nos dizer que é possível amar sem ser amado, dar sem esperar receber, perdoar sem qualquer reciprocidade, seguindo adiante em nossa estrada e deixando que o tempo se encarregue de dizer a todos quem somos e o que de fato almejamos.

A ternura do médium mineiro somente aumentou quando pôde abraçar pessoalmente Divaldo e nele reconhecer um semeador que muito poderia fazer na gleba humana com seu entusiasmo, sua coragem e devotamento à causa cristã.

Divaldo foi acolhido fraternalmente, envolvido em intenso carinho e muito estimulado a seguir na tarefa de expositor espírita.

Chico não se preocupou se Divaldo ficaria envaidecido com seus comentários, se começaria a *se achar*, simplesmente externou sua admiração pela maneira como ele se desincumbia da sublime tarefa. Sabia, obviamente, a quem dirigia o elogio sincero e o que ele poderia causar.

Com suas palavras deixou claro o quanto o jovem baiano era instrumento das vozes do Bem e o quanto carregava em si um diamante que já brilhava, mas que o tempo e as lutas se encarregariam de lapidar, dilatando o brilho genuíno que se encontrava embutido.

Muita gente, em nosso movimento, dizendo se espelhar em Chico ou Divaldo, nem sempre estimula a juventude, nem sempre se preocupa em lhe orientar os passos titubeantes com palavras de encorajamento e advertências fraternas, acolhedoras. Parece que o jovem, muitas vezes e com grandes e honrosas exceções, não tem o direito de ir além do ponto em que o adulto chegou e parou.

Há quem se sinta afrontado, magoado e com esse recalque não reconhece o talento, não estimula, apenas destila seu amargor e frustração pelo que não pôde ou não soube cumprir.

Por outro lado, cabe também aos jovens espíritas irem ao encontro das boas e formidáveis experiências, ouvir e aprender com quem já andou pelos mesmos caminhos, para não incidirem em erros similares. Reconhecer os esforços de quem pavimentou nosso caminho e abriu espaços é ter nobreza e gratidão no coração.

Essa mescla de experiência com arrojo, maturidade com capacidade de realização sempre deu bons resultados. Basta lembrar Allan Kardec e as jovens que serviram de médiuns nos trabalhos que resultaram na brilhante e insuperável Codificação Espírita.

Embora saibamos genericamente que todos nós somos missionários, no sentido de que cada um tem seu compromisso consigo, com o outro, com a vida, Chico reforça, chancela mesmo a tarefa abraçada por Divaldo antes de reencarnar e que vem sendo desenvolvida ao longo de toda esta vida: a oratória espírita.

Diz, com todas as letras para um bom entendedor, que aquela seria uma das suas missões específicas e que, se desincumbir dela com alegria, dedicação e amor seria importante para o seu crescimento espiritual.

Não se esquece de enviar um abraço cheio de carinho a Nilson, já que Chico antevia, ao que tudo indica, a importância que esse teria nos desdobramentos dos compromissos de Divaldo e os compromissos de Nilson com sua própria consciência.

Chico ressalta, de forma discreta, o quanto Nilson seria importante, não apenas como o amigo que se pode contar para se fazer algo material, se plasmar uma obra de atendimento a encarnados e desencarnados, mas enfatiza a sua condição de companheiro atento, silencioso, aquele que caminha junto e se cala, se apaga, para que o outro triunfe e se destaque sem que isso represente frustração de qualquer ordem.

Nilson sempre soube qual seria o seu lugar e nele se colocou sem exigências, assim como Paulo de Tarso que saiu a pregar a palavra divina e Simão Pedro esteve o tempo todo na Casa do Caminho atendendo a toda sorte de necessitados.

Anos mais tarde, precisamente em 16 de setembro de 1957, em uma carta escrita ao presidente da Federação Espírita Brasileira, Wantuil de Freitas, Chico afirma a necessidade de ter ao seu lado um companheiro de tarefas, alguém a quem pudesse transmitir suas experiências e repartir parte dos encargos que pesavam sobre os seus ombros. Ele se refere a Waldo Vieira que, durante alguns anos, atuou ao seu lado nos labores mediúnicos.[5]

Muito importante que cada um de nós saiba onde pode e deve ficar; abraçando nosso compromisso sem inveja ou mal estar por desejar estar no lugar do outro, fazendo o que ele faz.

Ter uma dimensão clara de onde nossos braços devem atuar e onde devemos nos localizar é algo fundamental, para que o Bem que fazemos faça de fato bem primeiramente a nós próprios.

Chico mais uma vez solicita que Divaldo ore por ele, que o ajude com suas preces, como a dizer: *Assim como torço por você, por favor, amigo, torça por mim, peça a Jesus e aos bons Espíritos que me fortaleçam no cumprimento dos meus deveres.*

---

[5] Suely Caldas SCHUBERT, *Testemunhos de Chico Xavier*, in "Esperança no novo companheiro".

Essa solicitação fraterna encontra respaldo no capítulo XXVIII de *O Evangelho Segundo o Espiritismo,* quando a Espiritualidade nos exorta a orar pelos médiuns, esses admiráveis intermediários e servidores do Bem, que, ao colocarem suas faculdades sob as diretrizes evangélicas e espíritas, sempre darão de graça o que de graça um dia receberam.

Exorta-nos também não apenas a orar por eles, mas cada médium a orar por si, vigiando e zelando pelo bom uso das faculdades recebidas.

**Prece.**

*Deus onipotente, permite que os bons Espíritos me assistam na comunicação que solicito. Preserva-me da presunção de me julgar resguardado dos Espíritos maus; do orgulho que me induza em erro sobre o valor do que obtenha; de todo sentimento oposto à caridade para com outros médiuns. Se cair em erro, inspira a alguém a ideia de me advertir disso e a mim a humildade que me faça aceitar reconhecido a crítica e tomar como endereçados a mim mesmo, e não aos outros, os conselhos que os bons Espíritos me queiram ditar. Se for tentado a cometer abuso, no que quer que seja, ou a me envaidecer da faculdade que te aprouve conceder-me, peço que ma retires, de preferência a consentires seja ela desviada do seu objetivo providencial, que é o bem de todos e o meu próprio avanço moral.*

*Quinta carta*

Em que lugar, sua voz havia falado perto de mim? De onde chegava essa intimidade sublime que nos inclina as almas ao abraço mútuo, sem preocupação e sem reserva?

Chico Xavier

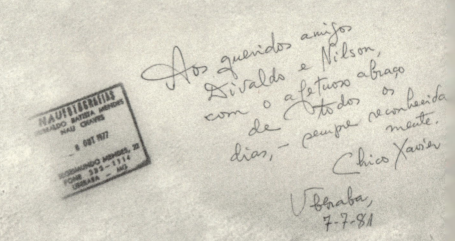

*Pedro Leopoldo, 21 de abril de 1950.*

*M.L. Amado.*

*Deus nos abençoe a todos.*

*Sua carta que se demorou bastante a chegar aqui está em meu coração. Como agradecer a você, M.L., o doce perfume de sua bondade e de seu carinho? A saudade de você é cada vez maior em nosso círculo de lutas.*

*Dificilmente conseguiria dizer-lhe da impressão imorredoura que a sua vinda me deixou no espírito. Você não era um Divaldo que eu estivesse abraçando, na presente romagem, pela primeira vez.*

*Onde vira você, M.L.? Em que lugar, sua voz havia falado perto de mim? De onde chegava essa intimidade sublime que nos inclina as almas ao abraço mútuo, sem preocupação e sem reserva? Não procurei decifrar o mistério. Basta-me a alegria de haver reencontrado sua amizade e seu coração e o júbilo de saber que vamos semeando o futuro na mesma lavoura divina, na direção do Evangelho Triunfante.*

*Eu também sinto problemas enormes no centro da alma. Às vezes, M.L., adormeço com a inquietação e acordo em companhia da angústia. Inquietação e angústia comigo mesmo, em face do que intimamente sou e do que na realidade deveria ser. Minhas imperfeições, Divaldo, são enormes e reconhecendo-as, deixo-me ir ficando em círculo cada vez mais apertado de lutas.*

*Achamo-nos temporariamente numa grande escola de purificação e elevação; assim, meu amigo, que Jesus nos ampare, a fim de que estejamos unidos uns aos outros no caminho da redenção.*

*Não se sinta sozinho nas lutas.*

*Sempre que puder, escreva-me.*

*Suas palavras operam milagres de estímulo. Tenho muitas saudades de você M.L.*

*Se a lâmpada, para ajudar, precisa recolher as forças da usina e se a abelha não dispensa a flor para fazer o mel, como não há de ser o amor divino, que o Mestre nos legou, a fonte de nosso abastecimento espiritual, dentro da sementeira em que nos cabe contribuir, de algum modo?*

*Não me negue, assim, amado irmão, a sua compreensão e bondade. Uma carta de amigo é sempre mensagem do céu e eu sei que o céu de seu coração permanece cheio de luz e bênçãos para nós todos.*

*Todo o nosso pessoal da "Nina Arueira" está alegre e reconhecido com as suas notícias, que significam reconforto e estímulo para todos.*

*A "Festa do Livro Espírita", com muito brilho, foi realizada pelos nossos companheiros em Belo Horizonte, nas noites de 16, 17 e 18 deste mês. Lá estive nas noites de 16 e 18 e confesso a você que as comemorações foram notáveis. Você fez muita falta e não somente eu digo isto. A saudade de sua presença e de sua palavra foi assinalada por verdadeira multidão de amigos nossos.*

*As notícias da nossa família espiritual do "Caminho da Redenção" e da "Caravana Auta de Souza" me deixaram emocionado e satisfeito. Jesus conceda a vocês e a todos coragem e alegria para prosseguirmos em nossa marcha para a frente. As lutas da jornada não são pequenas, mas consola-nos saber, meu bom amigo, que o Evangelho é o nosso roteiro e que o Senhor é a nossa meta.*

*Esta carta vai longa e sei que você é ocupado. Perdoe-me. Lembranças de todos os nossos companheiros daqui e de Belo Horizonte, segue para M.L. o abraço muito afetuoso, com as saudades e o infinito reconhecimento do seu irmão muito grato de sempre.*

*Chico*

Nas cartas anteriores Chico as inicia com a expressão *Meu caro Divaldo*, nesta, ele utiliza a expressão *M.L.*. Confesso que tentei descobrir o que isso significava, mas não consegui. Dialoguei com *Iracy*, a fraterna e dedicada companheira que, na *Mansão do Caminho*, se encarrega do arquivo pessoal de Divaldo, trocamos ideias e não chegamos a um consenso. Conversando com Divaldo, este esclareceu o mistério: *M.L.* quer dizer: *My Love*. Era assim que Chico, na sua gentileza, tratava as pessoas mais íntimas.

Chico, portanto, o chama de *meu amor*. Meu amor fraterno, meu amor amigo, demonstrando a infinita ternura que sempre lhe caracterizou as expressões.

Não creio que dissesse isto apenas a Divaldo e vale dizer que esta expressão aparece somente nesta carta. É provável e até possível que se dirigisse assim a outros corações mais chegados e dada a sua sinceridade, que só o fizesse quando sentia vontade e sabendo a quem se dirigia.

Se com estranhos era cordial, atencioso, delicado, fraterno, imaginemos o quanto não seria com os mais próximos. E aqui não estou afirmando que fazia acepção de pessoas, não, mas é obvio que diante de quem nos ama e nos aceita como nós somos o coração bate diferente. Isto se dá pela lei da afinidade, pelo magnetismo presente, em nossas diferentes relações, determinando a assimilação e a repulsão dos fluidos.

Como é importante, neste mundo de expiações e de provas, onde se exige tanto uns dos outros, especialmente em alguns espaços do Movimento Espírita em que há competições, ataques a pessoas, instituições, companheiros são difamados, em que tanta sombra é projetada, ter amigos sinceros, receber e dar estímulos, trocar ideias, sem a preocupação do que o outro possa pensar, sem ter de medir o tempo todo o que se diz.

Chico sempre teve esse amor e não o poupou a quem dele se acercou, mesmo porque o amor é um sentimento que, quanto mais damos, mais se multiplica e se expande.

Em uma belíssima página, publicada no livro *Rumo às Estrelas*, psicografado por Divaldo, o Espírito Amália Domingo Soler escreveu:

> *Onde está plantado o amor floresce.*
>
> *Por mais árida que seja a terra do coração que receba as sementes do amor, ele, ali germina, cresce e floresce.*
>
> *Não há impedimento para o amor.*
>
> *Ele propicia alegria nas horas felizes ou nos momentos amargos.*
>
> *Sua presença modifica a paisagem, colocando sol e calor ali onde surge ao mesmo tempo em que atrai à vida tudo que fecunda.*

O apóstolo das Minas Gerais reafirma aqui que ele e Divaldo não estavam se encontrando pela primeira vez; que, em vidas passadas, já haviam tido algum tipo de contato.

Naturalmente que ler isso, em pleno início de caminhada, serviu como uma alavanca poderosa na vontade do jovem Divaldo, dando-lhe forças para seguir adiante. No entanto, não devemos esquecer que Chico não diz em que circunstâncias, nem onde isso se deu; ele diz até que não procurou e, considerando que estamos tentando nos ajustar de um tempinho para cá, pois o próprio Espírito Emmanuel afirmou que os médiuns na Terra são, em sua esmagadora maioria, Espíritos em resgate, ter convivido com alguém que hoje tenha projeção e conquistas não significa que já tenhamos um *par de asas* para voar em direção às regiões felizes do Plano Espiritual.

Da mesma forma que conviver ou ter convivido com Chico, Divaldo, Júlio Cezar Grandi Ribeiro, Peixotinho, Yvonne Pereira não isenta ninguém de se melhorar, nem nos coloca a salvo de um processo obsessivo.

É muito bom poder conviver com esses vultos apostolares, mas, o que de fato apreendemos e o que mudou em nós, na relação que estabelecemos com as pessoas mais próximas, a partir da relação mais íntima com um deles? Tornamo-nos seres humanos melhores ou usamos a informação da intimidade com tais médiuns como uma forma de nos projetar, sermos aceitos e ouvidos com reverência? Estar ao lado deles algum tempo ou por toda uma vida mudou o quê em nossa conduta?

Não existe este fenômeno de andar atrás ou ao lado de alguém e, em um passe de mágica, nos transformar em Espíritos superiores. É importante que cada um de nós avalie o que fez e o que a oportunidade desse contato pode ensejar.

Chico salienta também o quanto tinha de problemas e as lutas que travava para resolvê-los, como a dizer que ninguém espere estar sem problemas a fim de fazer algo pelo próximo.

Precisamos caminhar à revelia do fardo que nos pesa sobre os ombros, nos movimentar no campo do Bem, de modo que esse mesmo Bem seja o combustível diário para a nossa existência na Terra.

Abraçar alguma tarefa singela é a forma mais direta e eficaz, preventiva mesmo de nos propiciar alguma melhora interior. Só não devemos, nesse processo, barganhar com a Espiritualidade Amiga, ou seja, *eu estou fazendo algo por alguém, então, por favor, vocês tratem de me ajudar, se não eu paro com esta tarefa e não ajudo mais ninguém.*

Este é um comportamento infantil, imaturo, de quem faz premeditadamente esperando receber.

Sempre receberemos... Nem que seja a Misericórdia Divina, vindo ao encontro das nossas faltas, necessidades e limitações, apoiando-nos no soerguimento de nós próprios e no desenvolvimento do que ainda falta fomentar em nossa individualidade. Portanto, não temos de nos preocupar com algum tipo de retorno, quer queiramos ou não, esperemos ou não, ele sempre chega não exatamente como desejamos, mas sempre chega muitas vezes em forma de paz, de estímulos e de novas oportunidades de servir.

Ao mesmo tempo, precisamos nos conhecer, seguir transformando os impulsos, estudando o Espiritismo e substituindo hábitos nocivos por outros saudáveis.

Parafraseando Paulo de Tarso, podemos dizer que Chico reafirma a Divaldo o quanto se via em lutas íntimas para deixar de ser o que não queria e, mesmo não sendo o que desejava, convenhamos: como este homem produziu! Como amou e quanto fez pelo Espiritismo na face da Terra!

Provavelmente, diz isso na carta enviada ao jovem

baiano em face de algum comentário, algum desabafo de Divaldo ou, ainda, por ter percebido que aquele jovem nada mencionava e, sabedor das lutas difíceis que um Espírito em plena juventude trava consigo próprio, quando animado pelo propósito de servir, afirmou: *Eu também sinto problemas enormes no centro da alma. Às vezes, M.L., adormeço com a inquietação e acordo em companhia da angústia.*

Afirma ainda que Divaldo não se sentisse sozinho e que tivesse no trabalho o seu melhor consolo, pois nesse círculo apertado de lutas, o serviço de auxílio aos outros é medicação colocada em nossas próprias feridas, como disse um dia o Espírito Joanna de Ângelis.

Salienta o quanto gostaria de seguir recebendo as cartas fraternas de Divaldo.

Demonstra alegria pelos rumos que as atividades do *Centro Espírita Caminho da Redenção* estavam tomando e indica o Evangelho de Jesus como o roteiro seguro para não nos perder.

Indicar o Evangelho é indicar o fardo leve e o jugo suave que a Lei de Amor nos propõe e que merece reflexão mais atenta de nossa parte, a partir do que afirma o Espírito Lázaro, em Paris, no ano de 1862, no capítulo XI de *O Evangelho Segundo o Espiritismo,* quando aborda com rara sensibilidade essa delicada questão.

### *A Lei de Amor*

> *O amor resume a doutrina de Jesus toda inteira, visto que esse é o sentimento por excelência, e os sentimentos*

*são os instintos elevados à altura do progresso feito. Em sua origem, o homem só tem instintos; quando mais avançado e corrompido, só tem sensações; quando instruído e depurado, tem sentimentos. E o ponto delicado do sentimento é o amor, não o amor no sentido vulgar do termo, mas esse sol interior que condensa e reúne em seu ardente foco todas as aspirações e todas as revelações sobre-humanas. A lei de amor substitui a personalidade pela fusão dos seres; extingue as misérias sociais. Ditoso aquele que, ultrapassando a sua humanidade, ama com amplo amor os seus irmãos em sofrimento! Ditoso aquele que ama, pois não conhece a miséria da alma, nem a do corpo. Tem ligeiros os pés e vive como que transportado, fora de si mesmo. Quando Jesus pronunciou a divina palavra - amor, os povos sobressaltaram-se e os mártires, ébrios de esperança, desceram ao circo. O Espiritismo a seu turno vem pronunciar uma segunda palavra do alfabeto divino. Estai atentos, pois que essa palavra ergue a lápide dos túmulos vazios, e a reencarnação, triunfando da morte, revela às criaturas deslumbradas o seu patrimônio intelectual. Já não é ao suplício que ela conduz o homem: condu-lo à conquista do seu ser, elevado e transfigurado. O sangue resgatou o Espírito e o Espírito tem hoje que resgatar da matéria o homem. Disse eu que em seus começos o homem só instintos possuía. Mais próximo, portanto, ainda se acha do ponto de partida, do que da meta, aquele em quem predominam os instintos. A fim de avançar para a meta, tem a criatura que vencer os instintos, em proveito dos sentimentos, isto é, que aperfeiçoar estes últimos, sufocando os germes latentes da matéria. Os instintos são a germinação e os embriões do sentimento; trazem consigo o progresso, como a glande encerra em si o carvalho, e os seres menos adiantados são os que, emergindo pouco a pouco de suas crisálidas, se conservam escravizados aos instintos. O Espírito precisa ser cultivado, como um campo. Toda a riqueza futura depende do labor atual, que vos granjeará muito mais do que bens terrenos: a elevação gloriosa. E então que, compreendendo a lei de amor que liga todos os seres, buscareis nela os gozos suavíssimos da alma, prelúdios das alegrias celestes.*

## Sexta carta

*Não me suponhas um padrão de virtudes. Sou alma imperfeita e escura em provas muito difíceis para o meu resgate. Compadece-te sempre de mim e auxilia-me com as tuas preces, sim?*

Chico Xavier

*Diga ao Ewaldo que, a mediunidade é uma tocha de luz e que ele tem sabido conduzir bem alto essa tocha de tal maneira que as sombras jamais o alcançarão. Que vá em frente, perseverando sempre na tarefa.*

*Pedro Leopoldo, 22 de maio de 1950.*

*Meu caro Divaldo.*

*Jesus nos abençoe a todos.*

*Anteontem tive o prazer de receber a tua cartinha última e ontem à noite, em casa de nossa estimada D. Lucilla, recebi as notícias e o belo presente que me mandaste, por intermédio de nossa irmã D. Cândida, a quem fiquei ligado por laços de muita amizade e simpatia.*

*M.L., não sei como agradecer-te o conforto que recebi com as tuas palavras. Todas as tuas frases são igualmente minhas e peço ao nosso Amado Jesus para que continues em tua abençoada missão junto de nós.*

*O perfume está aqui comigo, por deliciosa mensagem de tua ternura fraterna. Não tenho expressões para dizer-te do agradecimento e da alegria que estão em minhalma. Beijo-te as mãos carinhosas de irmão e de amigo, suplicando à nossa Mãe Santíssima conceda a M.L. muita felicidade, bom ânimo e paz, em todos os momentos da sublime tarefa que trouxeste ao renascer. A essência delicada de que a nossa bondosa irmã Cândida foi portadora é um belo símbolo que não me canso de admirar — expressa para mim o perfume do lírio eterno que está encerrado em teu coração, consagrado à fraternidade e à luz divina. Jesus te abençoe, cada vez mais.*

*M.L., as fotografias estão lindas. Dia 5 e dia 7 pensei muito em ti e roguei a Deus para que os teus dias na Terra sejam infinitamente multiplicados em benefício de todos nós que recolhemos de teu apostolado os melhores valores para a vida imortal.*

*Guardarei essas fotos como relíquias do coração e muito te agradeço a alegria de me haveres dado a conhecer o filhinho do nosso grande e inolvidável Petitinga. A ele e ao caro Nilson o meu grande e apertado abraço.*

*O cartão da fraternidade para a festa e a mensagem-conselho de Casimiro Cunha estão maravilhosos. É uma alegria imensa vermos em Salvador o reinado da fraternidade cristã que o Espiritismo nos trouxe. Os nossos Maiores na Espiritualidade hão de amparar sempre a tua bondade e o carinho dos nossos irmãos que aí colaboram contigo para que vejamos, cada vez mais intensa, a colheita de luz e amor, em nossos destinos. A cooperação do Irmão X e de Casimiro Cunha na festividade do dia 7 me encheu de júbilo.*

*Peço ao Alto para que tenhas ocasião de fazer com entusiasmo sempre renovado, a aproximação completa de todos os companheiros da Doutrina em Salvador, sobre os alicerces divinos do Evangelho do nosso Mestre e Senhor.*

*M.L., continuo aguardando sempre as tuas cartas.*

*Elas são portadoras de muito bom ânimo e reconforto para mim. Não me suponhas um padrão de virtudes. Sou alma imperfeita e escura em provas muito difíceis para o meu resgate. Compadece-te sempre de mim e auxilia-me com as tuas preces, sim?*

*Aguardo o teu perdão para esta carta datilografada, de vez que o meu desejo é o de escrever-te sempre à mão, porque as linhas manuscritas como que se saturam de nosso próprio coração. Mas desejava alongar-me um pouco mais como estou fazendo e daí o valer-me deste papel à correspondência pelo ar.*

*Muitas lembranças a todos os nossos companheiros do "Caminho da Redenção" e da "Caravana Auta de Souza". Para M.L. envio os milhões.*

*Espero as tuas notícias novas com muito interesse e carinho. E enviando-te as muitas saudades de sempre, envio-te o meu coração num forte e apertado abraço.*

*Chico*

<u>Detalhe</u>

*Os nossos queridos D.Lucilla, Carlos, Arnaldo, Dorothy e todo o nosso pessoal te enviam saudades mil. Abraços muito afetuosos do teu de sempre.*

*Chico*

Nessa missiva, Chico endossa mais uma vez a visão que possuía em torno da missão espiritual de Divaldo. Refere-se a ela como *uma sublime tarefa trazida ao renascer* e também usa a expressão *apostolado*.

Sua postura é sempre a de quem estimula, encoraja, impulsiona o companheiro mais novo, cheio de boa vontade e talentos inexplorados, mas ainda repleto de dúvidas e incertezas ante o que o espera pelo caminho.

Chico percebe a proteção espiritual que Divaldo recebia, divisa os seres que o assessoravam e se mantém confiante de que aquele jovem saberia escutar as vozes do Bem que o acompanhavam. Saberia também ouvir a própria consciência e ir ao encontro dos compromissos assumidos consigo e com os Benfeitores Amigos no Mundo Espiritual.

Não adverte, não censura, não enumera cuidados extremos, nem se sente ameaçado pelo irmão mais novo em início de tarefas. Ele sabe como poucos, que a Terra necessita de corações valorosos que se disponham a amar incondicionalmente e que, na seara bendita do Cristo, todos nós podemos cooperar. É o irmão mais velho e experiente abraçando o mais novo.

Externa gratidão pela carta e pelo perfume que Divaldo lhe enviou com carinho e ternura. Tanto a carta quanto o perfume lhe propiciaram singelo reconforto, funcionaram como um bálsamo ante as lutas cotidianas que Chico tinha de travar.

Quantas cartas não teria Chico recebido durante toda a sua vida?!

Ignoramos, mas sempre procurou respondê-las com toda a atenção e o carinho que lhe eram peculiares, auxiliado, quando possível, por corações amigos, no sentido de não deixar ninguém sem uma resposta, mesmo que essa não fosse exatamente a que a pessoa esperava.

Segue chamando Divaldo de *My Love* e agradece a alegria de poder conhecer, por foto, o filho do grande e valoroso trabalhador baiano José Petitinga, um verdadeiro apóstolo do amor e da humildade, que militou no Movimento Espírita da Bahia.

Reafirma, ainda uma vez, a presença do Irmão X, nesse início de trabalhos de Divaldo, registrando que, em Salvador, imperava a legítima fraternidade cristã, ou seja, ressalta o valor dos companheiros da primeira hora nos trabalhos iniciais do médium baiano.

Roga orações em seu benefício, afirmando que não era perfeito e que se encontrava em provas muito rudes.

Somente o próprio Chico poderia aquilatar a extensão dos seus compromissos, débitos e créditos com a Lei Divina. Tudo o mais que possamos fazer são suposições, algumas importantes e válidas, outras desnecessárias, considerando que o seu legado suplanta toda e qualquer especulação que façamos a esse respeito.

Envia abraços para Nilson, o intimorato colaborador, o *jequitibá do bem* de Salvador e se despede com a amabilidade de sempre.

A missão de Divaldo, que Chico faz questão de ressaltar, pode ser mais bem compreendida em *O Evangelho Segundo o Espiritismo*, capítulo XX, quando o Espírito Erasto caracteriza a Missão dos Espíritas.

### Missão dos espíritas

*Não escutais já o ruído da tempestade que há de arrebatar o velho mundo e abismar no nada o conjunto das iniqüidades terrenas? Ah! bendizei o Senhor, vós que haveis posto a vossa fé na sua soberana justiça e que, novos apóstolos da crença revelada pelas proféticas vozes superiores, ides pregar o novo dogma da reencarnação e da elevação dos Espíritos, conforme tenham cumprido, bem ou mal, suas missões e suportado suas provas terrestres. Não mais vos assusteis! As línguas de fogo estão sobre as vossas cabeças. Ó verdadeiros adeptos do Espiritismo!... Sois os escolhidos de Deus! Ide e pregai a palavra divina. É chegada a hora em que deveis sacrificar à sua propagação os vossos hábitos, os vossos trabalhos, as vossas ocupações fúteis. Ide e pregai. Convosco estão os Espíritos elevados. Certamente falareis a criaturas que não quererão escutar a voz de Deus, porque essa voz as exorta incessantemente à abnegação. Pregareis o desinteresse aos avaros, a abstinência aos dissolutos, a mansidão aos tiranos domésticos, como aos déspotas! Palavras perdidas, eu o sei; mas não importa. Faz-se mister regueis com os vossos suores o terreno onde tendes de semear, porquanto ele não frutificará e não produzirá senão sob os reiterados golpes da enxada e da charrua evangélicas. Ide e pregai! Ó todos vós, homens de boa-fé, conscientes da vossa inferioridade em face dos mundos disseminados pelo infinito!... Lançai-vos em cruzada contra a injustiça e a iniquidade. Ide e proscrevei esse culto do bezerro de ouro, que cada dia mais se alastra. Ide, Deus vos guia! Homens simples e ignorantes, vossas línguas se soltarão e falareis como nenhum orador fala. Ide e pregai, que as populações atentas recolherão ditosas as vossas palavras de consolação, de fraternidade, de esperança e de paz. Que importam as emboscadas que vos armem pelo caminho! Somente lobos caem em armadilhas para lobos, porquanto o pastor saberá defender suas ovelhas das fogueiras imoladoras. Ide, homens, que, grandes diante de Deus, mais ditosos do que Tomé, credes sem fazerdes questão de ver e aceitais os fatos da mediunidade, mesmo quando não tenhais conseguido obtê-los por vós mesmos; ide, o Espírito de Deus vos conduz. Marcha, pois, avante, falange imponente pela tua fé! Diante de ti os grandes batalhões dos incrédulos se dissiparão, como a bruma da manhã aos primeiros raios do Sol nascente. A fé é a virtude que desloca montanhas, disse Jesus. Todavia, mais pesados do que as maiores montanhas, jazem depositados nos corações dos homens a impureza e todos os vícios que derivam da impureza. Parti, então, cheios de coragem, para removerdes essa montanha de iniqüidades que as futuras gerações só deverão conhecer como lenda, do mesmo modo que vós que só muito imperfeitamente conheceis os tempos que antecederam a civilização pagã. Sim, em todos os pontos do Globo vão produzir-se as subversões morais e filosóficas; aproxima-se a hora em que a luz divina se espargirá sobre os dois mundos. Ide, pois, e levai a palavra divina: aos grandes que a desprezarão, aos eruditos que exigirão provas, aos pequenos e simples que a aceitarão; porque, principalmente entre os mártires do trabalho, desta provação terrena, encontrareis fervor e fé. Ide; estes receberão, com hinos de gratidão e louvores a Deus, a santa consolação que lhes levareis, e baixarão a fronte, rendendo-lhe graças pelas aflições que a Terra lhes destina. Arme-se a vossa falange de decisão e coragem! Mãos à obra! O arado está pronto; a terra espera; arai! Ide e agradecei a Deus a gloriosa tarefa que Ele vos confiou; mas, atenção! Entre os chamados para o Espiritismo muitos se transviaram; reparai, pois, vosso caminho e segui a verdade. Pergunta. - Se, entre os chamados para o Espiritismo, muitos se transviaram, quais os sinais pelos quais reconheceremos os que se acham no bom caminho? Resposta. - Reconhecê-los-eis pelos princípios da verdadeira caridade que eles ensinarão e praticarão. Reconhecê-los-eis pelo número de aflitos a que levem consolo; reconhecê-los-eis pelo seu amor ao próximo, pela sua abnegação, pelo seu desinteresse pessoal; reconhecê-los-eis, finalmente, pelo triunfo de seus princípios, porque Deus quer o triunfo de Sua lei; os que seguem Sua lei, esses são os escolhidos e Ele lhes dará a vitória; mas Ele destruirá aqueles que falseiam o espírito dessa lei e fazem dela degrau para contentar sua vaidade e sua ambição.*

## Sétima carta

*Rosas sem espinhos desabrochem sob os seus pés e que de suas mãos amigas continue jorrando a fonte cristalina do bem, são os meus votos ardentes ao Alto!*

Chico Xavier

*Pedro Leopoldo, 5 de maio de 1954.*

*Querido Divaldo.*

*Jesus nos abençoe.*

*Neste ramo azul e verde, simbolizando a saudade da sua presença e a esperança de revê-lo em breve, envio ao seu formoso coração o meu carinhoso abraço de parabéns pela passagem do seu natalício, rogando ao Senhor para que as estrelas da felicidade estejam constantemente brilhando em seu abençoado caminho...*

*Rosas sem espinhos desabrochem sob os seus pés e que de suas mãos amigas continue jorrando a fonte cristalina do bem, são os meus votos ardentes ao Alto!*

*Enlaçando-o, com muito carinho, na festa de seu aniversário, junto minhas preces aos votos sinceros da legião de amigos que hoje o abraçam pedindo a Jesus por sua paz e alegria e esperando a ventura de tê-lo, ao nosso lado, na Terra, por muitos e muitos anos, plenamente vitorioso em sua elevada missão no Evangelho Redentor, beija-lhe o coração e as mãos o seu de sempre.*

*Chico*

Em um universo de tantas criaturas em seu derredor, Chico se lembra daquele moço que fazia 27 anos e envia para ele um pouco da sua ternura.

Acerca de se recordar de um amigo querido na data de seu aniversário, conta-nos o médium e expositor espírita, José Raul Teixeira que, certa feita, estando em Salvador, resolveu visitar a saudosa Irmã Dulce, benfeitora que tanto deu de si aos esquecidos pelos poderes constituídos. Tendo acesso ao seu quarto, Raul percebeu um cartão sobre um determinado móvel e reconheceu a caligrafia. Tratava-se da letra de Divaldo que, estando no Exterior para mais uma de suas habituais viagens a serviço do Espiritismo, tivera o cuidado de enviar um singelo cartão de aniversário para sua amiga, Irmã Dulce.

Há quem ateste que, de vez em quando, ela solicitava a Divaldo uma receita do Dr. Bezerra de Menezes, para os problemas de saúde que a acometiam.

Seguiam caminhos religiosos distintos, mas esses dois córregos sempre se encontraram no mar do respeito mútuo e da caridade, atendendo aos necessitados de toda ordem.

Vemos nesse gesto de Chico, repetido muitas vezes, o reconhecimento de que precisamos criar laços e valorizá-los.

É importante que façamos algo por quem precisa, mas não menos importante é a necessidade da união fraterna em torno dos ideais espíritas, o companheirismo e a amizade sempre que possível.

Não é à toa que Emmanuel escreveu que:

> [...] *enquanto os servos leais se desvelam, dedicados, nas obrigações que lhes são deferidas, os maus obreiros procuram o repouso indébito, conclamando companheiros à deserção e à revolta. Ao invés de cooperarem, atendendo aos compromissos assumidos, entregam-se à crítica jocosa ou áspera, menosprezando os colegas de luta.*[6]

---
[6] Francisco Cândido XAVIER, *Vinha de luz*. Pelo Espírito Emmanuel, cap. 74.

Quando Chico afirma o desejo de retirar os espinhos do caminho de Divaldo procede como os pais dedicados que, ao prepararem a refeição do filho, retiram tudo quanto possa ser motivo para seu engasgo ou dificuldade à sua alimentação. É o zelo amigo de quem se via entre os espinheiros que lhe eram colocados por encarnados e desencarnados.

Allan Kardec experimentou os mesmos espinhos e não deixou de relatá-los para a posteridade, de modo a nos alertar. Escreveu o Codificador[7]:

> *O homem que pratica o bem – isto dito em tese geral – deve, pois, preparar-se para se ferir na ingratidão, para ter contra ele aqueles que, não o praticando, são ciumentos da estima concedida aos que o praticam. Os primeiros, não se sentindo dotados de força para se elevarem, procuram rebaixar os outros ao seu nível, obstinam-se em anular, pela maledicência ou a calúnia, aqueles que os ofuscam.*

Fala da saudade que lhe ia ao peito e envia seus votos para que o amigo fosse sempre vitorioso na divulgação do Evangelho redentor.

Vale a pena reler o capítulo XVII de *O Evangelho Segundo o Espiritismo*, intitulado "Sede perfeitos" e meditarmos um pouco acerca do item que se refere aos bons espíritas, pois é exatamente isso que Chico e Divaldo sempre foram e é dessa maneira que ficarão, para sempre, em nossas lembranças.

---

[7] Allan KARDEC, *Viagem espírita em 1862 e outras viagens de Kardec*. (Discursos pronunciados nas reuniões gerais dos espíritas de Lyon e Bordeaux).

### Os Bons Espíritas

*Bem compreendido, mas sobretudo bem sentido, o Espiritismo leva aos resultados acima expostos, que caracterizam o verdadeiro espírita, como o cristão verdadeiro, pois que um o mesmo é que outro. O Espiritismo não institui nenhuma nova moral; apenas facilita aos homens a inteligência e a prática da do Cristo, facultando fé inabalável e esclarecida aos que duvidam ou vacilam. Muitos, entretanto, dos que acreditam nos fatos das manifestações não lhes apreendem as conseqüências, nem o alcance moral, ou, se os apreendem, não os aplicam a si mesmos. A que atribuir isso? A alguma falta de clareza da Doutrina? Não, pois que ela não contém alegorias nem figuras que possam dar lugar a falsas interpretações. A clareza e da sua essência mesma e é donde lhe vem toda a força, porque a faz ir direito à inteligência. Nada tem de misteriosa e seus iniciados não se acham de posse de qualquer segredo, oculto ao vulgo. Será então necessária, para compreendê-la, uma inteligência fora do comum? Não, tanto que há homens de notória capacidade que não a compreendem, ao passo que inteligências vulgares, moços mesmo, apenas saídos da adolescência, lhes apreendem, com admirável precisão, os mais delicados matizes. Provém isso de que a parte por assim dizer material da ciência somente requer olhos que observem, enquanto a parte essencial exige um certo grau de sensibilidade, a que se pode chamar maturidade do senso moral, maturidade que independe da idade e do grau de instrução, porque é peculiar ao desenvolvimento, em sentido especial, do Espírito encarnado. Nalguns, ainda muito tenazes são os laços da matéria para permitirem que o Espírito se desprenda das coisas da Terra; a névoa que os envolve tira-lhes a visão do infinito, donde resulta não romperem facilmente com os seus pendores nem com seus hábitos, não percebendo haja qualquer coisa melhor do que aquilo de que são dotados. Têm a crença nos Espíritos como um simples fato, mas que nada ou bem pouco lhes modifica as tendências instintivas. Numa palavra: não divisam mais do que um raio de luz, insuficiente a guiá-los e a lhes facultar uma vigorosa aspiração, capaz de lhes sobrepujar as inclinações. Atêm-se mais aos fenômenos do que a moral, que se lhes afigura cediça e monótona. Pedem aos Espíritos que incessantemente os iniciem em novos mistérios, sem procurar saber se já se tornaram dignos de penetrar os arcanos do Criador. Esses são os espíritas imperfeitos, alguns dos quais ficam a meio caminho ou se afastam de seus irmãos em crença, porque recuam ante a obrigação de se reformarem, ou então guardam as suas simpatias para os que lhes compartilham das fraquezas ou das prevenções. Contudo, a aceitação do princípio da doutrina é um primeiro passo que lhes tornará mais fácil o segundo, noutra existência. Aquele que pode ser, com razão, qualificado de espírita verdadeiro e sincero, se acha em grau superior de adiantamento moral. O Espírito, que nele domina de modo mais completo a matéria, dá-lhe uma percepção mais clara do futuro; os princípios da Doutrina lhe fazem vibrar fibras que nos outros se conservam inertes. Em suma: é tocado no coração, pelo que inabalável se lhe torna a fé. Um é qual músico que alguns acordes bastam para comover, ao passo que outro apenas ouve sons. Reconhece-se o verdadeiro espírita pela sua transformação moral e pelos esforços que emprega para domar suas inclinações más. Enquanto um se contenta com o seu horizonte limitado, outro, que apreende alguma coisa de melhor, se esforça por desligar-se dele e sempre o consegue, se tem firme a vontade.*

*Oitava carta*

*Como vão as suas lutas no campo doutrinário? Penso muito na extensão crescente dos seus deveres na obra de amor cristão confiada à sua alma missionária e rogo aos nossos Maiores lhe renovem e lhe multipliquem as forças, na seara do bem.*

*Chico Xavier*

*Pedro Leopoldo, 9 de julho de 1956.*

*Meu caro Divaldo*

*Jesus nos abençoe.*

*Por nossa estimada Letícia, recebi sua generosa carta última, cujas expressões, como sempre, me falaram profundamente ao coração.*

*Muito grato, querido amigo.*

*Antes, recebi também o seu bondoso telegrama, notificando-nos a impossibilidade de sua vinda, o que sinceramente lamentamos, de vez que o esperávamos para as nossas preces. Compreendi, porém, as justas razões do adiamento e rogo a Jesus conceda a você renovadas forças para a tarefa de luz que o Mestre lhe confiou. Em breve, com o Auxílio Divino, havemos de encontrar-nos, novamente, não é mesmo? Aguardarei suas notícias como nos promete.*

*Nossos irmãos Prof. Pastorino, Cordeiro, D. Silvana, Pastor, Daisy e outros aqui se encontram e todos conosco esperavam também a sua vinda... Estávamos fazendo excelentes planos para o nosso convívio destes dias, mas, ainda mesmo distante, você tem estado em todas as nossas palestras, lembranças e orações.*

*As conversações com o nosso querido amigo Prof. Pastorino têm-me trazido grandes consolos. Louvado seja Deus!...Ele é um companheiro cuja compreensão evangélica me proporciona grandes esclarecimentos e abençoado reconforto.*

*Também conosco estiveram por três dias agora os nossos caros amigos Andrade, Lucy e os filhinhos. Guardavam tanto quanto nós a esperança de abraçá-lo pessoalmente e recomendaram-me* enviar a você um grande e afetuoso abraço tão logo lhe escrevesse, o que faço agora com muito prazer.

Como vão as suas lutas no campo doutrinário? Penso muito na extensão crescente dos seus deveres na obra de amor cristão confiada à sua alma missionária e rogo aos nossos Maiores lhe renovem e lhe multipliquem as forças, na seara do bem. Às vezes, a luta é mais áspera, o caminho mais pedregoso... Momentos surgem nos quais todas as sendas parecem obstruídas, mas Jesus, meu caro Divaldo, o nosso Benfeitor Eterno e o nosso Amigo Constante aparece na forma de inesperado socorro e com esse socorro celeste conto invariavelmente em favor do apostolado de bênçãos a que sua mocidade está consagrada. Que Ele ampare todos os seus passos são os meus votos do coração.

Aqui, a luta é aquela que você conhece, mas diante do auxílio incessante da fé, vamos caminhando... Não se esqueça de nós em suas preces, sim? Nossa prezada Letícia é portadora de meu grande abraço a você. Dei seu recado à Hermelita e ela agradeceu muito comovida, mandando dizer ao seu bondoso coração que o seu quarto já estava pronto, quando o telegrama chegou.

Meu afetuoso abraço ao caro Nilson.

A notícia de nossa irmã Lisete me comoveu muito. Ajudemo-la com nossas vibrações de amor, não é? Confio muito na ajuda espiritual da instituição de Curitiba, em benefício dela. Jesus nos ampare e nos abençoe.

Com esta carta, envio a você alguns dos nossos impressos. Ficarei na expectativa de suas novas notícias, sim? E, agradecendo a você por todas as suas manifestações de bondade para comigo, por todos os seus testemunhos de amizade e carinho, abraça-o com muito afeto e reconhecimento, o irmão servidor que não o esquece.

*Chico*

Detalhe

Nesta mesma carta datilografada, Chico escreve de próprio punho um bilhete ao final. Vejamos de que se trata.

*Meu caro Divaldo,*

*Notei que a nossa Letícia tem grande necessidade de um ambiente espírita-cristão de serviços mediúnicos para ser auxiliada em suas faculdades nascentes. Por vezes, nota-se-lhe, muito nítido, o envolvimento de que é vítima. Peço com muita confiança a você observar se será possível ao querido irmão obter-lhe alguma reunião para desenvolvimento. Que Jesus o recompense. Abraços mil do Chico.*

Parece que todos desejavam a chegada de Divaldo, aguardavam a sua presença, que acabou não ocorrendo, deixando nos corações amigos um quê de tristeza e lamento por sua ausência. Possivelmente, a sua lida diária em Salvador e no Brasil, desde aquela época, o impediu de estar com os amigos queridos que o esperavam em Pedro Leopoldo.

Chico elogia a capacidade de compreensão do Evangelho, demonstrada pelo culto professor Carlos Torres Pastorino, amigo também de Divaldo e um dos responsáveis diretos pela publicação do seu primeiro livro mediúnico, *Messe de Amor,* de autoria do Espírito Joanna de Ângelis.

Mais uma vez menciona a aspereza do caminho de quem serve a Jesus e, ao mesmo tempo, evidencia o quanto o Amigo Divino socorre e atende de maneira inesperada àqueles que O servem.

Nessa época, já estava publicada a obra *Caminho,*

*Verdade e Vida* (1948), o primeiro de uma série de quatro livros grandiosos que traduzem e interpretam o Evangelho em uma linguagem simples e acessível, decodificando Jesus para os dias atuais. Nessa primeira obra, Emmanuel fala desse socorro ao qual alude Chico, afirmando que no mundo ninguém permanece abandonado, pois o*s mensageiros do Cristo socorrem sempre nas estradas mais desertas.*[8]

Essa referência aos embates inevitáveis, que aquele que deseja servir há de enfrentar, nos remete a uma frase do Espírito Clódio, inserida na obra *Ave Cristo* de autoria do mesmo Emmanuel e publicada pela FEB:

> *Não olvideis, todavia, que somente colaborareis na obra do Cristo, ajudando sem exigir e trabalhando sem apego aos resultados. Como o pavio da vela, que deve submeter-se e consumir-se a fim de que as trevas se desfaçam, sereis constrangidos ao sofrimento e à humilhação para que novos horizontes se abram ao entendimento das criaturas.*[9]

Chico faz tal afirmativa, a meu ver, querendo dizer ao jovem amigo que se mantivesse firme, confiante, que não perdesse a fé, pois o auxílio chega. Pode não ser no momento que desejamos, nem da maneira como idealizamos, mas sempre chega.

Diz sempre orar pelo êxito de Divaldo, na tarefa em que esse se encontrava, agradece o carinho que sentia ser sincero e puro da parte do jovem baiano e solicita a intervenção

---

[8] Francisco Cândido XAVIER, *Caminho, verdade e vida*. Pelo Espírito Emmanuel, cap. 175.
[9] Francisco Cândido XAVIER, *Ave Cristo*. Pelo Espírito Emmanuel, cap. 1.

do amigo em benefício de uma companheira que necessitava de educação mediúnica.

Essa educação mediúnica, ao que parece, seria de capital importância para o equilíbrio psíquico, emocional e físico daquela pessoa. Melhor ainda se pudesse ocorrer em uma reunião destinada a esse fim, pois mais facilmente poderia entender e educar as suas faculdades, pondo-as a serviço do Bem, de modo a dar sempre gratuitamente o que gratuitamente houvesse recebido.

A reunião lhe propiciaria troca, compromisso, disciplina, mas de nada adiantaria limitar semelhante educação da mediunidade ao dia específico da reunião. Sempre será necessário o esforço antes, durante e depois, de forma contínua, se o desejo do médium for encontrar o equilíbrio do qual não queira nem possa prescindir.

Chico menciona o auxílio invisível que nos socorre e nos ampara em todos os caminhos.

Esse auxílio que se fez presente na vida de Divaldo e se faz na de todos nós, sempre que fazemos por merecê-lo, foi registrado anos depois dessa carta.

Estando Divaldo e Nilson em viagem pelo Continente Africano e, submetidos a temperaturas as mais variadas, Nilson desenvolveu uma febre intensa, deixando Divaldo muito preocupado. Era noite e não havia telefone, nem médico onde estavam. Divaldo orou, aplicou passes e nada da febre ser debelada. Naquele instante, pensou em Chico e imaginou que àquela hora, no Brasil, ele deveria estar atendendo aos sofredores. Divaldo, ao mentalizar o querido amigo, pedindo-lhe o auxílio, eis que Chico, fora do corpo físico se apresenta e, sem dizer uma única palavra, põe a mão na testa de Nilson, sinalizando por um gesto que, dentro de duas horas tudo se normalizaria. E, de fato, tudo incrivelmente transcorreu como Chico anunciara.

No dia seguinte Divaldo ligou para Dona Altiva, residente em Uberaba e amiga de ambos, desejoso de lhe contar tudo, mas, para sua surpresa, Chico já contatara a companheira e lhe relatara o ocorrido, confirmando a veracidade do fenômeno.[10]

Percebemos, nesse episódio, como é importante orar por nós, pelos outros, interceder em favor dos que sofrem; quantas possibilidades se descortinam ante uma oração amiga, sincera, um pedido cheio de carinho, resignação e submissão à vontade de Deus.

Precisamos trabalhar fazendo das nossas atitudes uma oração, mas igualmente termos instantes para o recolhimento mais efetivo, a introspecção adequada em torno do sentido que reveste a nossa própria vida, permitindo-nos sintonia mais fina com os Benfeitores Espirituais, que nos acompanham desejosos de nos ver crescer de dentro para fora, sem alarde, sem autopromoção.

Quando Chico chama a atenção de Divaldo para o auxílio que nos chega, nos instantes mais delicados da nossa existência, o convida também a estar sempre pronto a socorrer e, nesse socorro, nunca perder a fé, a esperança, a confiança no imenso amor de Deus, que a tudo provê.

Orar é uma das inúmeras maneiras de sentir e manifestar esse amor que todos, sem exceção, possuímos na própria alma.

---

[10] Ana Maria SPRÄNGER, *O Paulo de Tarso dos nossos dias*, cap. 32.

No capítulo XXVII de *O Evangelho Segundo o Espiritismo* somos convidados a pensar, de forma mais ampla, a respeito dos vários aspectos que envolvem as nossas súplicas.

### *Ação da Prece – transmissão de pensamento*

*O Espiritismo torna compreensível a Ação da Prece, explicando o modo de transmissão do pensamento, quer no caso em que o ser a quem oramos acuda ao nosso apelo, quer no em que apenas lhe chegue o nosso pensamento. Para apreendermos o que ocorre em tal circunstância, precisamos conceber mergulhados no fluido universal, que ocupa o espaço, todos os seres, encarnados e desencarnados, tal qual nos achamos, neste mundo, dentro da atmosfera. Esse fluido recebe da vontade uma impulsão; ele é o veículo do pensamento, como o ar o é do som, com a diferença de que as vibrações do ar são circunscritas, ao passo que as do fluido universal se estendem ao infinito. Dirigido, pois, o pensamento para um ser qualquer, na Terra ou no espaço, de encarnado para desencarnado, ou vice-versa, uma corrente fluídica se estabelece entre um e outro, transmitindo de um ao outro o pensamento, como o ar transmite o som. A energia da corrente guarda proporção com a do pensamento e da vontade. E assim que os Espíritos ouvem a prece que lhes é dirigida, qualquer que seja o lugar onde se encontrem; é assim que os Espíritos se comunicam entre si, que nos transmitem suas inspirações, que relações se estabelecem a distância entre encarnados.*

*Essa explicação vai, sobretudo, com vistas aos que não compreendem a utilidade da prece puramente mística. Não tem por fim materializar a prece, mas tornar-lhe inteligíveis os efeitos, mostrando que pode exercer ação direta e efetiva. Nem por isso deixa essa ação de estar subordinada à vontade de Deus, juiz supremo em todas as coisas, único apto a torná-la eficaz.*

## Nona carta

E o abraço do Nilson foi para nós todos uma bênção ao coração. Vejo que você recebeu de Deus um companheiro abnegado e fiel, companheiro que você merece e de que precisa para o desempenho de sua grande e abençoada missão neste mundo. Rogo, meu caro Divaldo, para que Deus conserve vocês dois sempre juntos, sempre unidos, em louvor do bem que deve brilhar para nós todos [...].

Chico Xavier

*Reconheço no companheiro Divaldo Pereira Franco um trabalhador incansável da Doutrina Espírita, na divulgação dos princípios doutrinários em nosso País e no Exterior.*

*Chico Xavier*

*Uberaba, 26-25*

Uberaba, 30 de novembro de 1959.

Meu caro Divaldo

Deus nos abençoe.

Tivemos a felicidade de conhecer pessoalmente o nosso caro Nilson e das mãos dele recebemos sua mensagem confortadora.

Muito gratos por tudo. Suas palavras trouxeram enorme alegria. E o abraço do Nilson foi para nós todos uma bênção ao coração.

Você não imagina como fiquei contente ao vê-lo e ouvi-lo. E todos nós tivemos impressão de que você estava também presente, tamanha é a expressão de você nele mesmo. Ele parece você, tanto quanto agora, ao senti-los assim mais de perto, noto que você se assemelha imensamente a ele. Verificar isso é para mim felicidade indizível. Vejo que você recebeu de Deus um companheiro abnegado e fiel, companheiro que você merece e de que precisa para o desempenho de sua grande e abençoada missão neste mundo. Rogo, meu caro Divaldo, para que Deus conserve vocês dois sempre juntos, sempre unidos, em louvor do bem que deve brilhar para nós todos, em vocês ambos, reunidos pela bondade de Deus para o apostolado evangélico que estão cumprindo com tanta beleza. Creia que peço ao Alto a felicidade e a união perene de vocês dois, com todo o meu coração.

Rogo a você nos perdoe a demora no agradecimento do gravador, mensageiro de tanta alegria para nós. Recebemos tudo direitinho, através de nossa Isabel. Escutamos as mensagens de sua palavra, da palavra do nosso Nilson e das nossas crianças da Mansão com lágrimas de alegria.

*Somente Deus poderá recompensar a vocês. Rogamos, assim, aos Seus Mensageiros conduzirem ao seu abençoado coração o nosso agradecimento em concessões renovadas de saúde e alegria, paz e luz. A máquina está prestando imensos serviços em nossa instituição desde agosto passado. Você não pode calcular quanta felicidade nos deu, fazendo-nos a remessa de semelhante preciosidade para os nossos trabalhos. Louvado seja Deus! Que Ele, nosso Pai de Infinita Misericórdia, o fortaleça e abençoe cada vez mais.*

*Recebemos também o belo presente da farinha, do azeite, da pimenta e da receita que executamos. O prato é realmente maravilhoso. Fizemo-lo num domingo a primeira vez e, agora, de quando a quando. Vale por um banquete. E é ótimo para dar a gente um sono bom. Eu que estou sempre padecendo de insônia tirei grande proveito. Depois de usá-lo, sinto a necessidade de repousar. E durmo bem, graças a Deus.*

*Muito grato por tudo.*

*Nosso caro Waldo, que anda em mil apertos nos estudos e tarefas de fim de ano, recomenda-me agradecer a você também, exprimindo igualmente muita alegria com o abraço do nosso prezado Nilson.*

*Fiquei muito alegre com as notícias que você me enviou, quanto à sua passagem pelo Rio, em outubro último. Muito bem! Precisamos ver você cada vez mais integrado na obra da F.E.B. É a nossa casa, Divaldo, nossa luz com quase um século de existência. Todos somos devedores dela. Ainda mesmo que nós, os Espíritos encarnados, entremos algum dia em alguma dificuldade de entendimento, uns para com os outros, brilhe a Federação Espírita Brasileira, acima de qualquer interesse ou desejo nosso, como sendo a nossa bandeira mais alta. Ver você fortalecendo seus laços de amor e cooperação junto dela é para nós todos alegria imensa.*

*Agora, meu caro, para você e Nilson, como também para todos seus queridos familiares e todos os corações queridos de nossa Mansão, os nossos votos de Feliz Natal e Feliz Ano Novo. Waldo e eu desejamos a vocês todos muita alegria e paz, votos esses aos quais se associam todos os nossos caros companheiros da nossa Comunhão Espírita Cristã.*

*Desejando a você tudo o que existe de belo e bom da vida, abraça-o, muito afetuosamente, quem não o esquece.*

*Chico*

Detalhes

1. Vem colada no papel da carta uma singela flor com pequeno caule com uma singela folha, onde acima se lê com a caligrafia de Chico a seguinte e afetuosa mensagem:

*Para Divaldo e Nilson, envio esta rosa do natal.*
*Abraços mil.*

Chico

2. Ao final da folha segue um singelo bilhete de Waldo Vieira:

*Divaldo, caro amigo, Deus lhe pague!*
*O gravador está ótimo, prestando um grande serviço.*
*Gostei muito de nosso Nilson.*
*O abraço afetuoso do Waldo.*
*Uberaba, 30.11.59.*

Chico envia a carta de Uberaba, não está mais em Pedro Leopoldo. As dificuldades variadas levaram-no a fixar residência nessa bela e acolhedora cidade do Triângulo Mineiro. Fixou-se durante algum tempo na Comunhão Espírita Cristã, para depois fundar o *Grupo Espírita da Prece*, em 1975. Essa carta é um espelho da amizade doce e pura, que um dia reinará absoluta entre todos os que estamos na Terra, ainda em regime de provas e expiações, mas já desejando nossa própria regeneração.

Chico é o amigo agradecido, que se corresponde com alegria, externa carinho, impressões pessoais, de forma completamente espontânea, sem quaisquer prevenções ou preocupações com que o outro possa pensar ou ajuizar a seu respeito. Sabe também a quem se dirige e, por isso, pode fazê-lo com tal naturalidade.

Há ênfase considerável em torno da figura humana de Nilson. Bem poucos foram aqueles que conseguiram dimensionar o valor de Nilson junto a Divaldo. Talvez somente a posteridade reconheça os esforços anônimos, os testemunhos diários, silenciosos e incessantes dessa grande e singela alma.

Ele abriu mão de ter esposa e filhos para se dedicar por inteiro à causa do Bem e o fez em plena juventude, quando as forças da matéria, os instintos, os convites e as seduções são muito mais fortes.

Ninguém nunca lhe impôs coisa alguma, não optou por medo nem por se achar um grande missionário. Ao contrário, sempre se viu auxiliando Divaldo em suas tarefas, sem se sentir diminuído ou constrangido por não aparecer, não ter os holofotes voltados para si. Desde cedo entendeu perfeitamente qual era a parte que lhe cabia e, sem qualquer recalque, arregaçou as mangas e pôs-se a trabalhar, trabalhando-se também até os dias atuais.

Enfrentou um câncer, que quase o levou à desencarnação, recebeu uma moratória, a fim de prosseguir em suas tarefas e nela permanece perseverando com alegria, despojamento, vivendo no mundo sem ser do mundo.

Na feliz expressão de José Raul Teixeira, inserida no livro *Nas pegadas do Nazareno*, de Miguel de Jesus Sardano, Nilson é um *Apóstolo silencioso*.

Embora discreto e generoso com todos as suas ações falam por si e nos permitem enxergar um homem bom, um verdadeiro espírita, alguém que não brincou de ser cristão, mas que, sem perder a alegria de uma criança, amadureceu no trabalho do Bem, reunindo experiências relevantes e profunda sabedoria em seu coração.

Chico, possivelmente, já antevia o papel que Nilson desempenharia junto a Divaldo, sabia que ele seria senhor de suas próprias escolhas e previa, com acerto, que Nilson seria um verdadeiro *pé-de-boi*, um *moirão* que, sem descurar do próprio aperfeiçoamento estimularia, com seus exemplos, inúmeras almas a crescer.

Apagou-se para que Divaldo pudesse brilhar, sem, contudo, sentir-se ofuscado, pois encontrou satisfação, realização no que pôde fazer e ainda faz.

O Espírito Áulus faz interessante comentário a respeito dessa afinidade que une os seres e lhes permite trabalhar com maior afinco e disposição:

*É da Lei, que nossas maiores alegrias sejam recolhidas ao contacto daqueles que, em nos compreendendo,*

> *permutam conosco valores mentais de qualidades idênticas aos nossos, assim como as árvores oferecem maior coeficiente de produção se colocadas entre companheiras da mesma espécie, com as quais trocam seus princípios germinativos.*[11]

Interessante o exemplo dele, pois é comum inúmeras pessoas, em nosso meio, desejarem a projeção, o destaque. Mal começam a desempenhar uma pequena tarefa suspiram por 15 segundos de fama, interessados, talvez, muito mais na divulgação de si próprias do que na mensagem de que se fazem portadoras. Almejam ser servidas, competem e disfarçam com palavras humildes a soberba que, infelizmente, ainda conduzem.

É, obviamente, um fenômeno ainda humano ao qual eu, você, qualquer um de nós está sujeito, mas, se já conseguimos detectar que isso se encontra presente em nossa personalidade, temos de fazer esforços para alijar de nós tais características.

Chico afirma com todas as letras:

> *Vejo que você recebeu de Deus um companheiro abnegado e fiel, companheiro que você merece e de que precisa para o desempenho de sua grande e abençoada missão neste mundo. Rogo, meu caro Divaldo, para que Deus conserve vocês dois sempre juntos, sempre unidos, em louvor do bem que deve brilhar para nós todos.*

---

[11] Francisco Cândido XAVIER, *Nos domínios da mediunidade*. Pelo Espírito André Luiz, cap. 1.

Sem amigos sinceros ao nosso lado a vida vira um deserto, o fardo pesa mais, a solidão se intensifica e as dificuldades aumentam. Raros conseguem dar sem exigir, fazer sem criar expectativas, estar junto sem pegar carona na luz alheia, aceitar o sim e o não do companheiro com naturalidade. Na verdade, ainda estamos ensaiando não apenas o espírito de serviço, mas também o verdadeiro sentido da palavra amizade.

Chico agradece o gravador que, provavelmente, foi usado nas reuniões mediúnicas, registrando as vozes dos Bons Espíritos e, quem sabe, permitindo avaliação das tarefas ao término.

Há também a gratidão por uma espécie de *mini cesta básica*, na qual não teria faltado farinha, azeite e pimenta. Que prato terá sido esse, que valeu por verdadeiro sonífero? Agradou tanto ao paladar, que foi repetido outras vezes por Chico e companheiros mais próximos.

Nessas doces amenidades, que aparecem no contato entre ambos, vemos duas pessoas normais, que se estimam, confabulando acerca de coisas comezinhas e não dois Espíritos interessados em discutir os pontos mais relevantes do Espiritismo ou questões profundas, que afetem o Movimento Espírita.

Chico já sabia qual o seu lugar e a sua tarefa e Divaldo procurava firmar-se, nesses passos iniciais, encontrando alento e orientação abalizada nos exemplos de Chico. Ambos dialogam a respeito da vida, da amizade e até de questões de culinária.

Teriam ambos vocação para *Chef*?

Seriam bons no forno e fogão?

Apenas os que tenham provado da comida de um e de outro poderão ajuizar.

Trata-se de um exemplo significativo de como não se tornar fanático e não ter compulsão em relação ao Espiritismo.

A proximidade de Divaldo com a Federação Espírita Brasileira é também destacada e festejada por Chico.

No entanto, o primeiro livro proveniente da mediunidade de Divaldo a FEB publicará somente em abril de 1970 e se chamará *Lampadário Espírita*, ditado pelo Espírito Joanna de Ângelis.

Em outubro desse mesmo ano, também sairia *Nos bastidores da obsessão*, de autoria do Espírito Manoel Philomeno de Miranda. Cabe também dizer que, antes disso, a FEB já havia publicado mensagens psicografadas por Divaldo, na Revista *Reformador*.

É importante lembrar que, se a FEB conta hoje com recursos para seguir com suas atividades deve, em parte, à grande contribuição dada pela mediunidade psicográfica de Chico, que lhe doou os direitos autorais de obras editadas e reeditadas ao longo de todos esses anos. Além disso, doou também a herança deixada por Frederico Figner para ele, o que permitiu que a FEB pudesse ampliar e renovar seu parque gráfico, dando novo impulso à difusão do livro e da literatura espírita.

O que afirmamos encontra respaldo nas palavras do ex-presidente da FEB, hoje desencarnado, Wantuil de Freitas quando esse, dirigindo-se a Francisco Thiesen, que à época ocupava a presidência da FEB, lhe diz com todas as letras:

> *Thiesen, quero que saiba que, se existe o Departamento Editorial, que você está administrando por delegação do atual Presidente, Armando de Oliveira Assis, devemo-lo, em grande parte, à existência de um*

*homem sem o qual a obra do livro espírita talvez não tivesse prosperado – Francisco Cândido Xavier.*

Este belo trecho está inserido no prefácio da obra *Testemunhos de Chico Xavier*, de autoria de Suely Caldas Schubert, publicada pela FEB.

A FEB não é hoje uma unanimidade no Movimento Espírita Brasileiro, mas qual instituição ou pessoa terá alcançado semelhante patamar? Nem por isso deixou de fazer seu trabalho no campo da unificação, desenvolvendo campanhas, promovendo congressos, levando trabalhadores do seu quadro para socializarem experiências com companheiros de diferentes partes do Brasil e do mundo.

Não me consta que retribua os ataques que receba, ao contrário, segue o curso traçado pela Espiritualidade Amiga, errando e acertando como qualquer outra instituição espírita, mas sempre desejosa de acertar, crescer e dar cumprimento aos seus objetivos. Lá, como em qualquer instituição espírita, existem pessoas, seres humanos e, assim como estimamos o respeito alheio para com nossas dificuldades, me parece de bom alvitre que a recíproca seja verdadeira.

Respeitar não significa endossar erros, mas saber analisar de forma mais ampla, verificando não apenas os equívocos, mas também os acertos, como creio, sejamos todos nós analisados pelos nossos Amigos Espirituais mais esclarecidos.

Depois de dizer tudo isso a Divaldo, Chico envia-lhe um delicado cartão com votos de um feliz Natal.

Mas não podemos terminar essa rápida análise sem nos remeter novamente a Nilson, tão elogiado por Chico. Por ter abraçado a família universal, criado filhos alheios, ele nos faz lembrar a bela lição a respeito da parentela corporal e espiritual e também a pergunta profunda de Jesus: *Quem é minha mãe e quem são meus irmãos?*

Podemos entender melhor esse tema e compreender mais amplamente o que disse o Mestre, estudando o capítulo XIV de *O Evangelho Segundo o Espiritismo,* intitulado: "Honrai ao vosso pai e a vossa mãe".

### A Parentela Corporal e a Parentela Espiritual

*Os laços do sangue não criam forçosamente os liames entre os Espíritos. O corpo procede do corpo, mas o Espírito não procede do Espírito, porquanto o Espírito já existia antes da formação do corpo. Não é o pai quem cria o Espírito de seu filho; ele mais não faz do que lhe fornecer o invólucro corpóreo, cumprindo-lhe, no entanto, auxiliar o desenvolvimento intelectual e moral do filho, para fazê-lo progredir. Os que encarnam numa família, sobretudo como parentes próximos, são, as mais das vezes, Espíritos simpáticos, ligados por anteriores relações, que se expressam por uma afeição recíproca na vida terrena. Mas, também pode acontecer sejam completamente estranhos uns aos outros esses Espíritos, afastados entre si por antipatias igualmente anteriores, que se traduzem na Terra por um mútuo antagonismo, que aí lhes serve de provação. Não são os da consanguinidade os verdadeiros laços de família e sim os da simpatia e da comunhão de ideias, os quais prendem os Espíritos antes, durante e depois de suas encarnações. Segue-se que dois seres nascidos de pais diferentes podem ser mais irmãos pelo*

*Espírito, do que se o fossem pelo sangue. Podem então atrair-se, buscar-se, sentir prazer quando juntos, ao passo que dois irmãos consanguíneos podem repelir-se, conforme se observa todos os dias: problema moral que só o Espiritismo podia resolver pela pluralidade das existências. (Cap. IV, nº 13.) Há, pois, duas espécies de famílias: as famílias pelos laços espirituais e as famílias pelos laços corporais. Duráveis, as primeiras se fortalecem pela purificação e se perpetuam no mundo dos Espíritos, através das várias migrações da alma; as segundas, frágeis como a matéria, se extinguem com o tempo e muitas vezes se dissolvem moralmente, já na existência atual. Foi o que Jesus quis tornar compreensível, dizendo de seus discípulos: Aqui estão minha mãe e meus irmãos, isto é, minha família pelos laços do Espírito, pois todo aquele que faz a vontade de meu Pai que está nos céus é meu irmão, minha irmã e minha mãe. A hostilidade que lhe moviam seus irmãos se acha claramente expressa em a narração de São Marcos, que diz terem eles o propósito de se apoderarem do Mestre, sob o pretexto de que este perdera o espírito. Informado da chegada deles, conhecendo os sentimentos que nutriam a seu respeito, era natural que Jesus dissesse, referindo-se a seus discípulos, do ponto de vista espiritual: "Eis aqui meus verdadeiros irmãos." Embora na companhia daqueles estivesse sua mãe, ele generaliza o ensino que de maneira alguma implica haja pretendido declarar que sua mãe segundo o corpo nada lhe era como Espírito, que só indiferença lhe merecia. Provou suficientemente o contrário em várias outras circunstâncias.*

## Décima carta

Hoje, em anexo, envio a você a página do nosso amigo espiritual Dr. Bezerra sobre o instrutivo encontro em que você, com a assistência dele e de outros benfeitores da Vida Maior, atendeu, com eficiência e segurança, a tantos assuntos de plena atualidade. Você fará da página do nosso Benfeitor o uso que desejar.

*Chico Xavier*

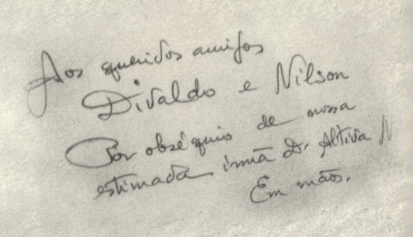

Uberaba, 20-9-80.

Caro Divaldo:

Deus nos abençoe.

Creio que você, com o Nilson e o Cordeiro estarão voltando ao Brasil. Acompanho os queridos amigos, com os meus votos a Jesus para que estejam fortes e felizes e para que a presente viagem seja farta de alegrias e bênçãos.

Por nosso estimado Cordeiro, enviei a você as minhas impressões da mensagem-entrevista que é realmente muito linda e expressiva. Espero que ela seja publicada para a nossa alegria em geral.

Hoje, em anexo, envio a você a página do nosso amigo espiritual Dr. Bezerra sobre o instrutivo encontro em que você, com a assistência dele e de outros benfeitores da Vida Maior, atendeu, com eficiência e segurança, a tantos assuntos de plena atualidade. Você fará da página do nosso Benfeitor o uso que desejar.

Caro Divaldo, agradeço a você todas as notícias confortadoras que a sua bondade me envia sobre o movimento Prêmio Nobel. Considero, mas considero com todo o meu coração que esse Prêmio devia ser solicitado para você que tão bem o merece por suas nobres e incessantes tarefas em auxílio e expansão de nossa Doutrina de Amor e Luz. Reconhecendo a minha desvalia, consolo-me ao pensar que é o seu nome e não o meu a bandeira desfraldada para a conquista desse troféu, com relação ao nosso País. Você é portador da mensagem espírita-cristã, do Brasil para o mundo e, por isso mesmo, cá no meu recanto, fico acalentando a certeza de que o seu nobre nome e não o meu é que está nas *legendas alusivas ao trabalho imenso que você está realizando. Deus o abençoe sempre. Com lembranças ao caro Nilson, à nossa estimada Ligia Banhos e a todos os nossos companheiros aí, peço a você receber um grande abraço do irmão reconhecido de sempre.*

*Chico*

Essa é a carta que Chico envia ao amigo, depois de 21 anos de intervalo, na correspondência entre ambos.

O que terá ocorrido para que houvesse semelhante hiato? Por que razão as cartas, tão frequentes no início, deixaram de ser trocadas?

Mais adiante entenderemos e refletiremos acerca da razão disso tudo.

Antes desse longo intervalo entre as missivas, Chico havia recebido três mensagens-prefácio para livros psicografados por Divaldo. A primeira delas foi do Espírito Rabindranath Tagore, poeta indiano, recebida em 1958, para o livro *Filigranas de Luz*, que Divaldo somente publicou muito tempo depois, como prefácio do livro *Estesia*. A segunda, uma mensagem do Espírito André Luiz, recebida em 1960, para o livro *Além da Morte*, de autoria do Espírito Otília Gonçalves. E a terceira foi assinada pelo Espírito Bezerra de Menezes, recebida em 1979, para o livro *Calvário de Libertação*, de autoria do Espírito Victor Hugo.

Nessa carta, Chico envia uma mensagem do Dr. Bezerra de Menezes, que confirma uma comunicação psicofônica, ocorrida por intermédio de Divaldo, em um encontro com trabalhadores espíritas em São Paulo. Esse encontro mereceu a publicação de um livro, por parte da União das Sociedades

Espíritas do Estado de São Paulo: *Diálogo com dirigentes e trabalhadores espíritas*. Obra que veio a lume em 1981.

Essa confirmação foi importante, considerando-se que na época não era comum Divaldo encerrar um encontro ou palestra pública permitindo alguma comunicação por seu intermédio. A fim de se evitar maiores dissabores, dúvidas e questionamentos nesse terreno, Dr. Bezerra vem, por meio de outro médium, cujas faculdades sempre estiveram a serviço do Bem e do Amor, afirmar com todas as letras que esteve com Divaldo, que o inspirou, junto com outros Amigos Espirituais.

Nesse mesmo ano, Divaldo receberá uma grande homenagem dos espíritas uberabenses, por ocasião da outorga de um título de cidadania.

Com grande alegria, ele receberá esse título, transferindo os méritos como ele sempre o faz para a Doutrina Espírita que deu sentido à sua vida, lhe orientou os passos e lhe permitiu perceber a extensão do seu compromisso com a própria consciência.

Chico, por sua vez, dirá não merecer a indicação de seu nome para concorrer ao Prêmio Nobel da Paz, afirmando que Divaldo é quem deveria ser lembrado, tendo em vista todo o seu trabalho de divulgador e de educador.

Nilson e Ligia Banhos são alvos de muito carinho.

Há um desconforto, da parte de Chico, com a sua indicação a um prêmio internacional, não se considera merecedor, não se vê como muitos o veem. Suas palavras são de uma quase recusa, mas vê no amigo alguém que poderia ter sido indicado e que representaria muito bem o país e o Movimento Espírita.

O gesto de Chico é de total desprendimento, não quer holofotes, não vê sentido em homenagens dirigidas a si, quer apenas continuar a ser um servidor e nada mais.

Sua atitude de recusa a qualquer destaque nos remete ao capítulo VII, item 10, de *O Evangelho Segundo o Espiritismo*, quando o Espírito Lacordaire examina a questão do orgulho e da humildade. Vale a pena ir ao encontro dessa lição, a fim de avaliarmos como anda o orgulho que ainda temos e a humildade que ainda não conseguimos desenvolver.

### O Orgulho e a Humildade

*Que a paz do Senhor seja convosco, meus queridos amigos! Aqui venho para encorajar-vos a seguir o bom caminho. Aos pobres Espíritos que habitaram outrora a Terra, conferiu Deus a missão de vos esclarecer. Bendito seja Ele, pela graça que nos concede: a de podermos auxiliar o vosso aperfeiçoamento. Que o Espírito Santo me ilumine e ajude a tornar compreensível a minha palavra, outorgando-me o favor de pô-la ao alcance de todos! Oh! vós, encarnados, que vos achais em prova e buscais a luz, que a vontade de Deus venha em meu auxílio para fazê-la brilhar aos vossos olhos! A humildade é virtude muito esquecida entre vós. Bem pouco seguidos são os exemplos que dela se vos têm dado. Entretanto, sem humildade, podeis ser caridosos com o vosso próximo? Oh! não, pois que este sentimento nivela os homens, dizendo-lhes que todos são irmãos, que se devem auxiliar mutuamente, e os induz ao bem. Sem a humildade, apenas vos adornais de virtudes que não possuís, como se trouxésseis um vestuário para ocultar as deformidades do vosso corpo. Lembrai-vos dAquele que nos salvou; lembrai-vos da sua humildade, que tão grande o fez, colocando-o acima de todos os profetas. O orgulho é o terrível adversário da humildade. Se o Cristo prometia o reino dos céus aos mais pobres, é porque os grandes da Terra imaginam que os títulos e as riquezas são recompensas deferidas aos seus méritos e se consideram de essência mais pura do que a do pobre. Julgam que os títulos e as riquezas lhes são deferidas; pelo que, quando Deus lhos retira, o acusam de injustiça. Oh! irrisão e cegueira! Pois, então, Deus vos distingue pelos corpos? O envoltório do pobre não é o mesmo que o do rico? Terá o Criador feito duas espécies de homens? Tudo o que Deus faz é grande e sábio; não lhe atribuais nunca as ideias que os vossos cérebros orgulhosos engendram. Ó rico! Enquanto dormes sob dourados tetos, ao abrigo do frio, ignoras que jazem sobre a palha milhares de irmãos teus, que valem tanto quanto tu? Não é teu igual o infeliz que passa fome? Ao ouvires isso, bem o sei, revolta-se o teu orgulho. Concordarás em dar-lhe uma esmola, mas em lhe apertar fraternalmente a mão, nunca. "Pois quê! Dirás, eu, de sangue nobre, grande da Terra, igual a este miserável coberto de andrajos! Vã utopia de pseudofilósofos! Se fôssemos iguais, por que o teria Deus colocado tão baixo e a mim tão alto?" E exato que as vossas vestes não se assemelham; mas, despi-vos ambos: que diferença haverá entre vós? A nobreza do sangue, dirás; a química, porém, ainda nenhuma diferença descobriu entre o sangue de um grão-senhor e o de um plebeu; entre o do senhor e o do escravo. Quem te garante que também tu já não tenhas sido miserável e desgraçado como ele? Que também não hajas pedido esmola? Que não a pedirás um dia a esse mesmo a quem hoje desprezas? São eternas as riquezas? Não desaparecem quando se extingue o corpo, envoltório perecível do teu Espírito? Ah! lança sobre ti um pouco de humildade! Põe os olhos, afinal, na realidade das coisas deste mundo, sobre o que dá lugar ao engrandecimento e ao rebaixamento no outro; lembra-te de que a morte não te poupará, como a nenhum homem; que os teus títulos não te preservarão do seu golpe; que ela te poderá ferir amanhã, hoje, a qualquer hora. Se te enterras no teu orgulho, oh! quanto então te lamento, pois bem digno de compaixão serás. Orgulhosos! Que éreis antes de serdes nobres e poderosos? Talvez estivésseis abaixo do último dos vossos criados. Curvai, portanto, as vossas frontes altaneiras, que Deus pode fazer se abaixem, justo no momento em que mais as elevardes. Na balança divina, são iguais todos os homens; só as virtudes os distinguem aos olhos de Deus. São da mesma essência todos os Espíritos e formados de igual massa todos os corpos. Em nada os modificam os vossos títulos e os vossos nomes. Eles permanecerão no túmulo e de modo nenhum contribuirão para que gozeis da ventura dos eleitos. Estes, na caridade e na humildade é que tem seus títulos de nobreza.*

## Décima primeira carta

Quando terminei a leitura de suas abençoadas palavras, senti que uma neblina me cobria a visão. Somente aí, ao término de sua querida missiva, notei que eram lágrimas. Muito grato por essas lágrimas de gratidão e de alegria que você me trouxe do coração para os olhos.

Chico Xavier

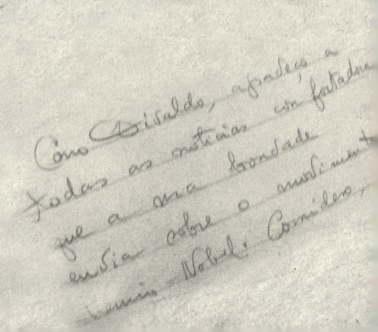

*Uberaba, 8-3-82.*

*Querido Divaldo, sempre querido amigo e irmão:*

*Deus nos abençoe.*

*Recebi a sua confortadora carta de 26 de fevereiro findo, através da bondade de nossa querida irmã pelo coração, D. Altiva Noronha, e agradeço a você, querido amigo, pelas emoções que as suas notícias, como sempre, me proporcionaram. Quando terminei a leitura de suas abençoadas palavras, senti que uma neblina me cobria a visão. Somente aí, ao término de sua querida missiva, notei que eram lágrimas. Muito grato por essas lágrimas de gratidão e de alegria que você me trouxe do coração para os olhos.*

*Tudo o que a sua bondade me conta da sua excursão, através da América do Norte é maravilhoso. A sua dedicação a Jesus, na Doutrina de Amor e Luz que nos reúne no mesmo ideal e na mesma fé, vem esculpindo páginas e obras imortais de divulgação dos nossos princípios, não só no Brasil, mas no mundo inteiro. Jesus renove as suas energias, multiplicando-as, constantemente, para que o seu coração iluminado de bênçãos prossiga repartindo sempre conosco, os seus irmãos de tarefa e de esperança, o pão espiritual, no veículo do Amor, qual somente você sabe ministrar, sob a orientação de nossos benfeitores da Vida Maior. Peço isso em minhas lembranças e orações de todos os dias.*

*Agradeço a remessa do "Allan Kardec News Letter" e o exemplar do impresso que foi distribuído, no curso de uma das suas queridas conferências em Miami. O companheiro paulista que se encontra em N.Y. fazendo bolsa de estudo e dirigindo um jornal espírita-cristão deve ser um espírito valoroso. Deus o abençoe e fortaleça no trabalho valioso que está realizando.*

*Muito grato pela cópia do ofício do nosso digno Prefeito Municipal da Cidade de Paramirim, na Bahia, que colocou este seu pequeno irmão ao seu lado, numa das ruas da cidade referida. Nada fiz por merecer esta honra, que é mais uma dívida de minha parte para com você. Muito me alegrei ao ver o seu nome abrilhantando uma das vias públicas da nobre Cidade a que nos reportamos, pois sem qualquer intuito de elogios pessoais de que você realmente não precisa, você fez por merecer esta homenagem de nossos concidadãos, com a sua dedicação incessante à Causa do Bem, junto de nós todos que tanto devemos às suas elevadas tarefas. Quanto a mim, caro amigo, fico pedindo a Jesus me faça digno de merecer, algum dia, semelhante concessão. Sinceramente acanhado com a gentileza do Poder Executivo de Paramirim, rogo a você exprimir-lhe a minha gratidão de servidor reconhecido.*

*Muito me sensibiliza a sua querida sugestão para que nos encontremos aqui, em Uberaba, nos dias 31 deste mês, 1º e 2 de Abril, próximo. Entretanto, querido amigo, ignorando que esta alegria pudesse chegar, comprometi-me a estar em São Paulo, nos dias 1, 2 e 3 de Abril vindouro, partindo daqui a 31 deste mês, em companhia do Vivaldo, para acertarmos naquela cidade, variada documentação do I.N.P.S., para efeito de revisão e corrigenda de fichas nossas, com vistas a informações solicitadas pelo Imposto de Renda que, neste 1982, está retificando muitos apontamentos. Você sabe que os aposentados voltaram a pagar os cinco por cento de descontos e, assim, ante os compromissos já assumidos com autoridades que nos esperam, rogo a você perdoar-me se peço a você transferir a data de nossos encontros aqui para logo que você possa, sim? Você sabe que esperaremos por você, em qualquer ocasião, com a máxima alegria.*

*Aguardarei com muito interesse a leitura dos capítulos prontos do novo livro de suas tarefas mediúnicas, o livro de autoria do nosso benfeitor espiritual Manoel Philomeno de Miranda, intitulado "Nas fronteiras da loucura". Guardo a certeza de que será mais uma notável contribuição da sua mediunidade, em favor de nós todos.*

*Divaldo, quanto à minha saúde, tenho estado quinzenalmente (de um dia à noite para o dia seguinte de manhã), em São Paulo, no tratamento pela Acupuntura.*

*Realmente, o meu processo coronariano tem evoluído um tanto mais, no entanto, com exceção de uma semana ou outra, o que raramente acontece, tenho trabalhado nas noites de sextas e sábados, em nosso grupo. Noto que a minha resistência orgânica não tem dado para tarefas que fora do esquema de duas reuniões públicas por semana, em nosso núcleo, mas você sabe: a gente vai fazendo o que pode, não é? Às vezes, quando as dores da angina se mostram um tanto mais exigentes, noto a mim mesmo, à feição de uma pessoa que "está voltando para casa". O coração que está pulsando há setenta e dois anos, nessas horas como que me pergunta: "Chico, não será o momento de parada para mim?" – Então, depois de orar, digo a ele: "Eu sei que você está cansado, mas se você puder, bata mais pouco... preciso tanto de você para trabalhar!" Ele me ouve e continua batendo. É extraordinária a impressão que se sente, a respeito de nossos próprios órgãos! O coração prossegue meio que para me atender ao pedido insistente, mas, por vezes, deserta fatigado pelo tempo de serviço, perde o ritmo e entra num compasso perigoso que os nossos cardiologistas chamam por "extrassístoles". (Parece que a palavra é essa mesma). Nesses instantes, em que <u>vejo-sentindo</u> o músculo cardíaco ansioso para me satisfazer, deito-me longamente e, em minha quietação, ele retoma os batimentos naturais.*

*E assim, querido amigo, tudo segue bem. Muitas lembranças ao nosso estimado Nilson e à nossa estimada Ligia*

*Banhos, corações queridos de nossas existências. Desculpe-me a carta longa e receba um grande, muito grande abraço de seu irmão e servidor sempre reconhecido.*

*Chico Xavier*

Nota: Junto a essa carta segue o seguinte bilhete com a mesma data:

*Uberaba, 8-3-82.*

*Caro Divaldo:*

*Deus nos abençoe.*

*Estou ciente da sua ida à Franca para a solenidade do seu nobre título de Cidadão Francano. Com meus parabéns, comunico a você que solicitarei à nossa irmã D. Altiva representar-me na festa que desejo seja muito brilhante e muito feliz. Sobre o movimento Prêmio Nobel, peço-lhe: Se não for sacrifício para você, estimaria que a sua bondade possa me obter alguma cópia de documentos em Xerox, de que você disponha, para que eu consiga satisfazer a solicitações de amigos. Se for possível. Não vá se incomodar por isso. As pastas que você generosamente me deu, entreguei-as à Comissão do Prêmio, em São Paulo, a pedido da Comissão referida, como empréstimo, mas até hoje não tive a devolução.*

*Segue, em anexo, um cartão para a nossa irmã Ligia, que peço a você o obséquio de entregar, sim?*

*Mais um abraço do Chico*

Chico fica emocionado com a carta de Divaldo, chora de alegria e contentamento com as palavras que o irmão mais novo lhe dirige, narrando particularidades que nos são desconhecidas, mas que, por certo representaram fonte de renovação para o coração amigo do querido Chico.

Creio que os primeiros cristãos devam ter sentido semelhante alegria sempre que uma daquelas maravilhosas cartas de Paulo, inspiradas por Estêvão (Espírito), chegava a algum núcleo do Cristianismo. Todas portadoras de ensinamentos, advertências fraternas, diretrizes, carinho – são documentos que procuravam contribuir para mais entendimento e aplicação do Evangelho, nos pequenos grupos e comunidades cristãs.

Em um universo de tantas cartas que pedem, solicitam, reclamam, uma que chega ofertando, repartindo alegrias, estimulando o velho trabalhador, tem o poder de fazer esquecer, ainda que por instantes, as dores, as dificuldades, os problemas, operando melhoras no estado de saúde e no ânimo como um todo.

Nesse, como em outros instantes, Divaldo apenas retribuía tudo de maravilhoso e terno, afetuoso e gentil, que a delicadeza de Chico lhe ofereceu ao longo da vida.

Chico vibra com os êxitos da viagem de divulgação doutrinária feita à América do Norte, reconhece não ser essa a sua tarefa, mas não deixa de estimular e vibrar com o companheiro, como sempre fez com tantos outros corações.

Nessas viagens, tantas vezes invejadas e incompreendidas por alguns corações, Divaldo nunca encontrou nenhum glamour. No início, enfrentou condições inóspitas quanto a climas e hospedagens, transportes e alimentação, regimes políticos totalitários e fusos horários variados, tradutores que encontravam dificuldades para traduzir com fidelidade termos genuinamente espíritas e várias perseguições espirituais.

Muitas dessas viagens, especialmente no início, foram custeadas com seus próprios recursos e algumas, ainda hoje, somente ocorrem porque existe uma coisa chamada parcelamento, em que entra seu salário de funcionário público aposentado e parcelas a se perder de vista, quase que para algumas reencarnações... Tudo para que a mensagem espírita e não o seu nome possa ganhar espaço em outros territórios, alcance distâncias, germine nas almas reencarnadas em outras culturas.

A mensagem de Jesus, à luz do Espiritismo, sempre foi e continua sendo a sua bandeira. Por ela não mediu e não mede ainda hoje esforços e sacrifícios.

Segundo Washington Luiz Nogueira Fernandes, há viagens em que, para voltar ao Brasil, Divaldo chega a levar cerca de 30 horas. Ele passa viajando cerca de 250 dias por ano, realizando aproximadamente 270 palestras.[12]

Na sequência, Chico menciona o fato de ter uma rua com seu nome, junto à outra que leva o nome de Divaldo, na cidade baiana de Paramirim. Naturalmente, como era próprio de sua personalidade, reconhece não merecer semelhante honraria.

Relata a necessidade de ir até São Paulo tratar de assuntos relativos ao imposto de renda. Não fala aqui como médium rodeado de Espíritos e sempre às voltas com gente de todos os matizes e intenções. É o cidadão comum que tem compromissos com o mundo e precisa dar conta deles como qualquer criatura reencarnada. Não tem privilégios, não delega isso para outros, faz questão de cumprir seu compromisso,

---

[12] *Atos do apóstolo espírita*, ed. FEESP.

inteirar-se das ocorrências e tomar as devidas providências para estar quite com as leis humanas.

Informa que precisa ir quinzenalmente a essa cidade, para tratar da saúde, submetendo-se a sessões de acupuntura.

Sabe que necessita reduzir as tarefas, respeita o corpo que a vida lhe deu para a realização da sua missão, não recorre exclusivamente ao auxílio espiritual, trata-se com médicos terrenos, submete-se a processo cirúrgico, toma remédios, come carne, usa peruca, cria animais, cultiva plantas, veste-se com simplicidade e elegância, recebe pessoas queridas em casa para almoçar, tomar café. E sempre que possível faz visitas aos corações queridos. Quando impossibilitado, telefona, escreve, ama...

É um homem cósmico, pois valoriza a vida terrena e a espiritual como dimensões sagradas e integradas no projeto Divino de nossa evolução. Personifica, de forma admirável, como devemos conduzir nossa existência nos caminhos do Planeta.

Mesmo cansado, Chico ainda viveria mais vinte anos trabalhando, conversando muito intimamente com seu coração e todos os demais órgãos do seu corpo. Fosse pedindo, fosse agradecendo, estava integrado ao seu organismo físico, não escravizado e não o escravizando. Nem poderia ser diferente, pela visão cheia de beleza que possuía da vida, em suas ricas e variadas manifestações.

Chico aguarda a chegada do livro *Nas Fronteiras da Loucura*, que foi publicado no ano de 1982, de autoria do Espírito Manoel Philomeno de Miranda, que trabalha no Mundo Espiritual com atividades de desobsessão. O prefácio dessa obra é do Espírito André Luiz e nela temos, entre outros assuntos, um panorama espiritual do carnaval carioca.

Pede cópia da papelada acerca do Prêmio Nobel para dar aos amigos mais próximos, sequiosos, naturalmente, de fazer algum registro e conservar a memória para as próximas gerações.

Por fim, envia abraços gentis e afetuosos para Nilson e Ligia Banhos.

Os cuidados de Chico com sua saúde e o testemunho vivo de que, mesmo estando em contato permanente com os bons Espíritos, nós não devemos nos isentar de buscar os recursos da medicina terrena, remetem-nos ao texto ditado pelo espírito Jorge, na cidade de Paris, em 1863 e inserido no capítulo XVII de *O Evangelho Segundo o Espiritismo*, que trata da importância de se cuidar do corpo e do Espírito.

### Cuidar do Corpo e do Espírito

*Consistirá na maceração do corpo a perfeição moral? Para resolver essa questão, apoiar-me-ei em princípios elementares e começarei por demonstrar a necessidade de cuidar-se do corpo que, segundo as alternativas de saúde e de enfermidade, influi de maneira muito importante sobre a alma, que cumpre se considere cativa da carne. Para que essa prisioneira viva, se expanda e chegue mesmo a conceber as ilusões da liberdade, tem o corpo de estar são, disposto, forte. Façamos uma comparação: Eis se acham ambos em perfeito estado; que devem fazer para manter o equilíbrio entre as suas aptidões e as suas necessidades tão diferentes? Inevitável parece a luta entre os dois e difícil achar-se o segredo de como chegarem ao equilíbrio. Dois sistemas se defrontam: o dos ascetas, que tem por base o aniquilamento do corpo, e o dos materialistas, que se baseia no rebaixamento da alma. Duas violências quase tão insensatas uma quanto a outra. Ao lado desses dois grandes partidos, formiga a numerosa tribo dos indiferentes que, sem convicção e sem paixão, são mornos no amar e econômicos no gozar. Onde, então, a sabedoria? Onde, então, a ciência de viver? Em parte alguma; e o grande problema ficaria sem solução, se o Espiritismo não viesse em auxílio aos pesquisadores, demonstrando-lhes as relações que existem entre o corpo e a alma e dizendo-lhes que, por se acharem em dependência mútua, importa cuidar de ambos. Amai, pois, a vossa alma, porém, cuidai igualmente do vosso corpo, instrumento daquela. Desatender as necessidades que a própria Natureza indica, é desatender a lei de Deus. Não castigueis o corpo pelas faltas que o vosso livre-arbítrio o induziu a cometer e pelas quais é ele tão responsável quanto o cavalo mal dirigido, pelos acidentes que causa. Sereis, porventura, mais perfeitos se, martirizando o corpo, não vos tornardes menos egoístas, nem menos orgulhosos e mais caritativos para com o vosso próximo? Não, a perfeição não está nisso: está toda nas reformas por que fizerdes passar o vosso Espírito. Dobrai-o, submetei-o, humilhai-o, mortificai-o: esse o meio de o tornardes dócil à vontade de Deus e o único de alcançardes a perfeição.*

*Décima segunda carta*

Espero que a sua próxima viagem à Europa, conduzindo as bênçãos de nossa Doutrina de Paz e Amor a tantas cidades, seja muito abençoada pelos Mensageiros de Jesus.

Chico Xavier

Uberaba, 26-9-83

*Querido Divaldo:*

*Deus nos abençoe.*

*Recebi a sua carta, como sempre, portadora de grande alegria, para mim e estou aproveitando a bondade de nossa irmã D. Altiva para enviar a você, extensivamente ao Nilson, um grande abraço. Espero que a sua próxima viagem à Europa, conduzindo as bênçãos de nossa Doutrina de Paz e Amor a tantas cidades, seja muito abençoada pelos Mensageiros de Jesus.*

*Querido amigo, com a estima de sempre, abraça-o o irmão e servidor reconhecido de todos os dias.*

*Chico Xavier*

Chico aqui é o amigo cordial que, mesmo a distância, encontra um jeito de se fazer presente e demonstrar afeto pelo companheiro que admira. Sabe da necessidade da Doutrina Espírita ser espalhada pelo mundo e percebe que o amigo é alguém talhado para essa tarefa.

Obviamente que esse espalhar não se dá apenas pela palavra de companheiros estudiosos e dedicados que, muitas vezes, abrindo mão do aconchego de seus lares, saem pelo mundo divulgando a Boa Nova.

O livro, psicografado ou não, chega também a grandes distâncias e igualmente realiza prodígios nas almas desanimadas, nos corações em crise.

A palavra gravada, a mensagem que segue pela internet são recursos prodigiosos, capazes de operar mudanças e, muitas vezes, salvar vidas.

Da mesma maneira que assistir a uma exposição doutrinária, transmitida por alguém que procura viver a mensagem de que se faz portador, tem um valor inestimável, pois nos chega impregnada pelo calor humano de quem a veicula e dos Espíritos Amigos que o inspiram.

Allan Kardec fez cinco grandes viagens para a divulgação do Espiritismo: 1860, 1861, 1862, 1864 e 1867.

Segundo Evandro Noleto,[13] na viagem de 1862, a que ficou mais conhecida, Allan Kardec necessitou de quase dois meses para visitar cerca de vinte cidades francesas. Nessas viagens, o Codificador não queria apenas ver como estava o Movimento Espírita nascente, queria ouvir críticas sinceras, impressões acerca das obras publicadas, perceber como as pessoas entendiam a Doutrina, criar novos laços, fortalecer os antigos. Não era apenas o professor que viajava, era também o aprendiz.

Léon Denis foi também um grande propagandista da causa espírita, não apenas escrevendo livros e artigos primorosos, mas, igualmente, viajando pelas cidades francesas, indo até a Bélgica, Suíça, Holanda, Argélia.

Paulo de Tarso e outros discípulos viajaram inúmeras vezes para divulgar o Evangelho, enfrentando condições inóspitas, lidando com as limitações culturais, psicológicas e espirituais daqueles que encontraram pelo caminho. Nem por isso pararam. Sabiam que seguir os passos do Rabi Nazareno

---

[13] Allan KARDEC, *Viagem espírita em 1862 e outras viagens de Kardec*.

implicava escolha que continha sacrifícios, dores, decepções, solidão. Mas não se detiveram, seguiram adiante, confiantes no Mestre Divino que sempre nos ampara, protege e inspira as iniciativas no campo do Bem.

Somos sabedores de que a maior propaganda do Espiritismo são as nossas ações, mas uma informação dada no momento exato, um livro que chega em instante delicado, uma página otimista e esclarecedora são recursos prodigiosos, consoladores e libertadores.

Divaldo e Chico deram suas vidas a essa causa: a divulgação e a vivência dos postulados espíritas. Cada um *pregando* à sua maneira, envidando as melhores energias nesse sublime propósito.

*O Evangelho Segundo o Espiritismo,* no capítulo XVI, item 9, em mensagem do Espírito Pascal, recebida em Genebra, na Suíça francesa, nos oferece uma lição primorosa a respeito da necessidade de nos determos na verdadeira propriedade, aquela que define a nossa luz e que nos permite auxiliar os outros na iluminação de seus próprios caminhos, a partir de suas próprias escolhas. Sem luz interna não projetaremos claridade à nossa volta.

### A Verdadeira Propriedade

> *O homem só possui em plena propriedade aquilo que lhe é dado levar deste mundo. Do que encontra ao chegar e deixa ao partir goza ele enquanto aqui permanece. Forçado, porém, que é a abandonar tudo isso, não tem das suas riquezas a posse real,*

*mas, simplesmente, o usufruto. Que é então o que ele possui? Nada do que é de uso do corpo; tudo o que é de uso da alma: a inteligência, os conhecimentos, as qualidades morais. Isso o que ele traz e leva consigo, o que ninguém lhe pode arrebatar, o que lhe será de muito mais utilidade no outro mundo do que neste. Depende dele ser mais rico ao partir do que ao chegar, visto como, do que tiver adquirido em bem, resultará a sua posição futura. Quando alguém vai a um país distante, constitui a sua bagagem de objetos utilizáveis nesse país; não se preocupa com os que ali lhe seriam inúteis. Procedei do mesmo modo com relação à vida futura; aprovisionai-vos de tudo o de que lá vos possais servir. Ao viajante que chega a um albergue, bom alojamento é dado, se o pode pagar. A outro, de parcos recursos, toca um menos agradável. Quanto ao que nada tenha de seu, vai dormir numa enxerga. O mesmo sucede ao homem, a sua chegada no mundo dos Espíritos: depende dos seus haveres o lugar para onde vá. Não será, todavia, com o seu ouro que ele o pagará. Ninguém lhe perguntará: Quanto tinhas na Terra? Que posição ocupavas? Eras príncipe ou operário? Perguntar-lhe-ão: Que trazes contigo? Não se lhe avaliarão os bens, nem os títulos, mas a soma das virtudes que possua. Ora, sob esse aspecto, pode o operário ser mais rico do que o príncipe. Em vão alegará que antes de partir da Terra pagou a peso de ouro a sua entrada no outro mundo. Responder-lhe-ão: Os lugares aqui não se compram: conquistam-se por meio da prática do bem. Com a moeda terrestre, hás podido comprar campos, casas, palácios; aqui, tudo se paga com as qualidades da alma. És rico dessas qualidades? Sê bem-vindo e vai para um dos lugares da primeira categoria, onde te esperam todas as venturas. És pobre delas? Vai para um dos da última, onde serás tratado de acordo com os teus haveres.*

*Décima terceira carta*

Assim, Divaldo, quando nos possíveis momentos de solidão, te sentires amargurado pela dor, não te deixes vencer, ama! Cada noite, embora envolta em trevas, prenuncia um novo amanhecer.

Chico Xavier

*Divaldo querido: Chico pediu-nos para entregar-te, com especial carinho, esta mensagem:*

*O mundo gira com dias de sol e dias de chuva. Tardes aquecidas e noites geladas, mas, seja qual for a intempérie, nunca te esqueças: Deus é a força criadora do universo. O homem passa. Apenas o que se realiza na vida do espírito é luz inextinguível. Servir é um privilégio que o céu nos concede a ambos, no trabalho junto aos amigos espirituais e o amor deve ser o canto de luz que nos levará a superar as barreiras, as dificuldades, aclarando a nossa alma para as grandezas que nos cercam. Só o amor é a base definitiva da vida para a eternidade. Por isso, Divaldo, amemos muito. Somos, os dois, por força da nossa tarefa junto aos Espíritos, mensageiros do amor e um emissário do amor deixa sempre em todos os seus passos, o luminoso rastro do bem. Assim, Divaldo, quando nos possíveis momentos de solidão, te sentires amargurado pela dor, não te deixes vencer, ama! Cada noite, embora envolta em trevas, prenuncia um novo amanhecer. Ama e recomeça! Trabalha, auxilia e perdoa, amando sempre. Não temas caminhar, serve, prossegue, sempre amando! Aquele que em lágrimas semear, cantando por certo há de ceifar.*

*E com Maria Dolores, repetirei cantando aos teus ouvidos:*
*Agradeço, alma fraterna e boa,*
*O amor que no teu gesto se condensa,*
*Deixando ao longe a festa, o ruído e o repouso*
*Para dar-me a presença.*

*Sofres sem reclamar*
*Enquanto exponho minhas ideias diminutas*
*E anoto como é grande o teu carinho,*
*No sereno sorriso em que me escutas.*
*Não sei dizer-te a gratidão que guardo*
*Pelas doces palavras que me dizes,*
*Amenizando as lutas que carrego*
*Em meus impulsos infelizes.*
*Louvado seja Deus, alma querida e bela*
*Pelo conforto do teu braço irmão.*
*Por tudo o que tens sido em meu caminho*
*Por tudo o que me dás ao coração.*

*Obrigado, Divaldo amigo.*

Esse bilhete foi enviado por Chico em 1982 por meio de Dona Altiva e a motivação foi externar ao amigo seu carinho e seu reconhecimento, considerando que, nessa ocasião, Divaldo estava sendo agraciado com mais um título de cidadania, título esse conferido pelo município de Franca-SP.

A excelência do amor é exaltada por aquele que muito amou em sua passagem entre nós. Chico não precisaria dizer absolutamente nada. Sua vida luminosa foi todo um discurso eloquente de como se deve servir a Jesus na face da Terra. Apontou com seus exemplos como conquistar o Reino Divino a que se refere Jesus em suas parábolas, como despertar o homem novo, como é possível, tendo a fé do tamanho de um grão de mostarda, nos tornarmos o sal da terra e a luz do mundo, verdadeiros deuses...

Na condição de amigo de Divaldo, Chico fez questão de participar da justa homenagem enviando-lhe um afago sincero, reforçando o quanto o amava e compreendia igualmente todos os esforços que o médium da Bahia vinha fazendo para seguir os passos do Poeta Galileu.

Coloca Divaldo ao seu lado como um mensageiro do amor, um medianeiro dos bons Espíritos, não quer caminhar sozinho, não há campo para o individualismo nem para o personalismo no coração de Chico, quer brilhar como constelação e não como estrela solitária. Por isso diz:

*Só o amor é a base definitiva da vida para a eternidade. Por isso, Divaldo, amemos muito. Somos, os dois, por força da nossa tarefa junto aos Espíritos, mensageiros do amor e um emissário do amor deixa sempre em todos os seus passos, o luminoso rastro do bem.*

Noutra ocasião, disse Chico a Dona Altiva, em se referindo a Divaldo:

*Ele é um grande trabalhador! Começou bem e prossegue ainda melhor. Nunca se acomodou ou teve um gesto de desânimo, muito menos de desistência. Isto, apesar das lutas comuns, enfrentadas por todos os médiuns na caminhada. Sua ação ou atuação tem sido muito valiosa para a Doutrina Espírita. Ele merece o respeito, o reconhecimento e admiração de todos os espíritas. É, inegavelmente, o Peregrino do Senhor!* [14]

Chico não está preocupado se Divaldo ficará vaidoso, se o seu bilhete fraterno ou as suas cartas amigas tornarão envaidecido o companheiro de jornada.

Sua despreocupação é própria de quem sabe a quem se dirige e que ideias projeta na alma de quem as recebe. Entende perfeitamente que o amigo, assim como ele próprio, necessita de estímulos, de quem se achegue para doar algo de si e não apenas para pedir.

Identifica, com conhecimento de causa, os espinhos a se multiplicarem no caminho de Divaldo e, por isso mesmo, tenta suavizar-lhe a aspereza da jornada com o bálsamo do seu carinho.

São os estímulos que todo ser humano precisa para prosseguir de cabeça erguida, mesmo com o corpo cansado e cheio de cicatrizes.

A cera e o pavio se consomem sustentando a chama.

A enxada se gasta lavrando a terra.

As mãos operosas se enchem de calos, gerando, com o trabalho, a mesa farta.

Os bons pais envelhecem educando seus filhos para a vida.

O trabalhador da mediunidade se aprimora quanto mais estuda e serve, ama e segue sem esperar recompensas, compreende sem aguardar compreensão.

---

[14] Altiva Glória F. NORONHA, *O peregrino do Senhor*, cap. 29.

Chico lembra Maria Dolores e, utilizando-se de seus versos, agradece o carinho que Divaldo igualmente sempre lhe dispensou:

*Louvado seja Deus, alma querida e bela*
*Pelo conforto do teu braço irmão.*
*Por tudo o que tens sido em meu caminho*
*Por tudo o que me dás ao coração.*

Um dia, quando o Reino de amor proclamado por Jesus for uma realidade, todos os nossos laços terão essa característica. Teremos cooperação e não competição, admiração e não inveja, perdão e não ressentimento. Até lá, cabe a cada um de nós fazer o que pode, como e onde possa para que exemplos como o desses amigos sirvam como lição primorosa ao nosso próprio burilamento.

*O Evangelho Segundo o Espiritismo*, no capítulo XV, convida-nos a amadurecer o olhar a respeito de nossas relações na preciosa lição acerca da caridade, segundo o que preconizou o apóstolo Paulo, em sua 1ª Epístola aos Coríntios. Caridade no sentido relacional e não meramente assistencial; caridade que envolve benevolência (vontade de agir bem e no Bem), perdão (disposição de caminhar ao lado, relevando faltas e agressões) e indulgência (doçura interna, afabilidade), amor sincero em nossos relacionamentos, como o amor permutado entre esses dois medianeiros do Cristo.

## *Necessidade da Caridade, segundo S. Paulo*

*Ainda quando eu falasse todas as línguas dos homens e a língua dos próprios anjos, se eu não tiver caridade, serei como o bronze que soa e um címbalo que retine; ainda quando tivesse o dom de profecia, que penetrasse todos os mistérios, e tivesse perfeita ciência de todas as coisas; ainda quando tivesse a fé possível, até o ponto de transportar montanhas, se não tiver caridade, nada sou. - E, quando houver distribuído os meus bens para alimentar os pobres e houvesse entregado meu corpo para ser queimado, se não tivesse caridade, tudo isso de nada me serviria. A caridade é paciente; é branda e benfazeja; a caridade não é invejosa; não é temerária, nem precipitada; não se enche de orgulho; - não é desdenhosa; não cuida de seus interesses; não se agasta, nem se azeda com coisa alguma; não suspeita mal; não se rejubila com a injustiça, mas se rejubila com a verdade; tudo suporta, tudo crê, tudo espera, tudo sofre. Agora, estas três virtudes: a fé, a esperança e a caridade permanecem; mas, dentre elas, a mais excelente é a caridade (S. PAULO, 1ª Epístola aos Coríntios, cap. XIII, vv. 1 a 7 e 13).*

*Pedro Leopoldo, 14-3-50*

*Meu caro Divaldo*

*Um grande abraço de Vinís e f*

*Deus nos abençôe a todos*

## 02
## Precioso cartão

*saudades, colhidas no meu coração para o seu, abraço muito afetuosamente, o irmão que não o esquece.*

*Chico*

Depoimento de Chico Xavier enviado a Divaldo Franco, por intermédio de Altiva Noronha, no qual expressa uma rápida opinião a respeito da mediunidade deste.

*Diga ao Divaldo que, a mediunidade é uma tocha de luz e que ele tem sabido conduzir bem alto essa tocha e, de tal maneira que as sombras jamais o alcançarão. Que vá em frente, perseverando sempre na tarefa.*

*A humanidade é formada de duas partes: os que trabalham de verdade, pela verdade e aqueles que apenas assistem de palanque, sem compromissos maiores, criticando e fofocando sempre. A segunda parte jamais atingirá a primeira.*

*O homem vale por aquilo que realiza e a meta do trabalhador da Doutrina é Jesus! Não vou esquecer porque estou em plena crise de angina. Vou apenas mandar-lhe um livro para desopilar o fígado, pelas muitas fofocas.*

*Dê-lhe um grande abraço.*

*Chico Xavier*

(Na noite de 05/05/84)

Chico é fraterno como sempre e também muito contundente.

Diz ao amigo que prossiga em suas tarefas, fazendo parte do primeiro grupo, daquele grupo que trabalha e segue buscando evangelizar-se na realização do próprio serviço.

O Espírito Humberto de Campos no livro *Boa Nova* nos alerta para a necessidade de transitarmos da condição de *Espíritos esclarecidos* para a de *Espíritos evangelizados* e o Espírito Emmanuel, na obra *O Consolador*, propõe igualmente que saiamos da condição de *Espíritos convencidos* pelo conhecimento para a de *Espíritos convertidos*, ou seja, que junto ao saber acrescentemos amor.

Para que tal transição ocorra, devemos, entre outras coisas, ser o ponto terminal da fofoca e não alimentadores desse vício que somente causa sofrimento nos outros e em nós próprios, considerando a Lei de Causa e Efeito.

Desistir de querer agradar a todos é fundamental, pois isso representa grande pretensão e uma tarefa impossível, capaz de nos conduzir a quadros dolorosos de ansiedade e depressão.

Quem quer agradar aos homens o tempo inteiro, muitas vezes se desagrada e vai pela contramão das Leis Divinas. Ao passo que, seguindo as Leis Divinas, melhor servimos aos homens e nos propiciamos a paz que tanto necessitamos, ainda que incompreendidos.

Quando se refere à mediunidade de Divaldo, Chico não especifica se é a inspiração, a psicofonia, a psicografia. Afirma, apenas, que ela é uma tocha e que o bom baiano tem sabido erguê-la bem alto, sem deixar de alimentar a chama que aquece, ilumina e simboliza o uso da faculdade a serviço do Bem, sob a égide de Jesus.

Oferece um livro dizendo ao amigo, nas entrelinhas, que não perca tempo com esses irmãos que fazem algazarra, que apontam falhas alheias em um mecanismo de projeção da própria sombra. São criaturas que desejam rebaixar o outro de modo a colocá-lo no patamar em que se encontram, pois não conseguem erguer-se ao degrau que o companheiro já galgou, à faixa de pensamentos e ao ritmo de trabalho a que esse se entrega.

Chico diz a Divaldo que não pare; que siga em seu trabalho mediúnico ignorando a crítica ferina e vazia, mas em nenhum instante sugere que a crítica fraterna, equilibrada e bem fundamentada deva ser ignorada. Mesmo porque soube aprender com ela e ser grato aos que, com sinceridade, lhe dirigiram alguma apreciação proveitosa.

Chama também a atenção o fato de Chico, à revelia da própria dor, ir ao encontro do coração sofrido do amigo, dando um testemunho sem precedentes de resignação e abnegação da sua personalidade. O que importa é consolar o amigo em sua dor. Nada mais o interessa e o mobiliza nesse instante.

Vejamos o que o Espírito Áulus afirma ao Espírito André Luiz, na obra *Nos domínios da mediunidade*:

> *As almas realmente convertidas ao Cristo lhe refletem a beleza nos mínimos gestos de cada hora, seja na emissão de uma frase curta, na ignorada cooperação em favor dos semelhantes ou na renúncia silenciosa que a apreciação terrestre não chega a conhecer.*[15]

---

[15] Francisco Cândido XAVIER, *Nos domínios da mediunidade*. Pelo Espírito André Luiz, cap. 13.

É exatamente o que se percebe nesse gesto de Chico, a sua real e profunda conversão ao Cristo.

Um exemplo genuinamente cristão!

## 03
## Bilhete acerca do livro
## Loucura e Obsessão

*Uberaba, 5-12-86*

*Prezado Divaldo:*

*Deus nos abençoe.*

*Através da bondade de D. Altiva, nossa querida irmã de sempre, estou restituindo a você o seu livro sobre o africanismo brasileiro.*

*Atualmente, com muitas dificuldades no trato da angina, não pude fazer uma leitura meditada e minuciosa como desejava. Se posso dar uma opinião a você, estimarei que você submeta o volume à consideração de companheiros experientes e responsáveis de nossa Doutrina de Paz e Amor, para que eles se manifestem. Creio que essa atitude será a mais certa.*

*Na certeza de que você será muito bem inspirado, quanto ao assunto, num abraço fraterno, sou o seu irmão e servidor reconhecido.*

*Chico Xavier*

Sempre que possível Chico colaborou com a tarefa mediúnica de Divaldo.

Muitas vezes orientando-o pessoalmente, outras recebendo recados da Espiritualidade, que pudessem balizar seu caminho e, mais de uma vez, endereçando prefácios psicografados a obras que Divaldo recebeu dos Espíritos que Joanna de Ângelis convidou para esse tipo de trabalho.

Nesse momento, reconhecendo suas limitações físicas, sugere que o amigo busque outras opiniões, por meio de companheiros mais experientes, a fim de recolher as impressões que desejava para o livro mencionado.

O livro a que Chico se refere chama-se *Loucura e Obsessão* e foi publicado pela Federação Espírita Brasileira, no ano de 1988. Como todas as outras obras do Espírito Manoel Philomeno de Miranda, essa também trata dos processos obsessivos, ajudando-nos a compreender as fronteiras, as semelhanças, as diferenças e as interações entre a doença mental e o fenômeno obsessivo.

Como a obra tem seu enredo ambientado em um núcleo do sincretismo afro-brasileiro, Chico usa então a expressão *africanismo*.

Para compreensão mais ampla do termo e estudo do tema, existem duas excelentes obras de autoria de Deolindo Amorim que ajudam a compreender, à luz do Espiritismo e sem preconceitos, as distinções entre o Espiritismo e o sincretismo afro-brasileiro.[16]

---

[16] São os livros: *O Espiritismo e as Doutrinas Espiritualistas* e *Africanismo e Espiritismo*, ambos publicados pela editora do Centro Espírita Léon Denis, no Rio de Janeiro.

Vale destacar que Chico também dizia *não* quando impossibilitado de dizer *sim*.

Não chamava para si tarefas que não pudesse dar conta.

Não se sentia insubstituível em nada.

Entendeu bem cedo qual era a sua tarefa primordial e a ela se dedicou a vida inteira, oferecendo suas melhores energias, no cumprimento dos deveres espontaneamente abraçados.

Teve foco, aproveitou o tempo, trabalhou e trabalhou-se com sabedoria.

Trouxe das vidas anteriores cabedal enorme de talentos, mas também desenvolveu outros tantos nesta reencarnação.

Não se eximiu de tentar ajudar o companheiro, mas foi capaz de se reconhecer desprovido de recursos ante um contexto que não o favorecia com outras possibilidades.

Em *O Livro dos Médiuns*, no capítulo XX, parte 2ª, Allan Kardec sinaliza de maneira bem didática a distinção entre as principais qualidades e os principais defeitos morais que um médium possa ter atraindo ou afastando de si os bons Espíritos. Diz o nobre Codificador:

> *As qualidades que, de preferência, atraem os bons Espíritos são: a bondade, a benevolência, a simplicidade do coração, o amor do próximo, o desprendimento das coisas materiais. Os defeitos que os afastam são: o orgulho, o egoísmo, a inveja, o ciúme, o ódio, a cupidez, a sensualidade e todas as paixões que escravizam o homem à matéria.*[17]

---

[17] Allan KARDEC, *O livro dos médiuns*.

As qualidades:
- a bondade;
- a benevolência;
- a simplicidade do coração;
- o amor ao próximo;
- o desprendimento das coisas materiais.

Os defeitos:
- o orgulho;
- o egoísmo;
- a inveja;
- o ciúme;
- o ódio;
- a cupidez;
- a sensualidade e todas as paixões que escravizam o homem à matéria.

Tanto Chico quanto Divaldo, ambos desenvolveram tais qualidades e não me consta que tenham qualquer desses defeitos apontados pelo Codificador. Por essa razão, atravessaram os anos como bons médiuns dos Espíritos amadurecidos e de tantos outros das mais variadas classes e ordens, como encontramos bem explicado em *O Livro dos Espíritos*.

Chico foi bondoso, benevolente, simples, amoroso e desprendido à sua maneira. Divaldo igualmente e a seu modo, tem sido portador de tais virtudes. Dizer que ambos possuam tais qualidades não significa igualá-los, mesmo porque são e serão diferentes.

Foi por ver em Chico essas qualidades que Divaldo o elegeu como amigo e procurou, com sinceridade, observar e se inspirar nas ações do irmão mais velho, sem deixar de ser quem sempre foi; sem imitações de qualquer espécie.

Mesmo que algum médium leia tais itens e não se sinta com todas essas qualidades recomendadas por Allan Kardec, ao menos pode e deve tentar desenvolvê-las, pois somente assim colocará suas faculdades a serviço do Bem, dando-lhes um fim útil do qual não se arrependerá.

Tentar desenvolvê-las significa viver como Jesus nos ensinou e como os Espíritos Amigos não se cansam de nos ensinar.

*Pedro Leopoldo, 14-3-50*

*Meu caro Divaldo*

*Um grande abraço de União e*

*Deus nos abençõe a todos*

# 04
# Depoimento de Weaker Batista[18]

---

[18] **Weaker Batista** – nascido em 19/08/1921, em Anápolis-GO, desencarnou em Uberaba-MG, em 12/09/1989. Foi amigo de Chico Xavier e junto com sua esposa, Dona Zilda, atuou na divulgação da mensagem espírita colaborando, entre outras coisas, no atendimento à volumosa correspondência que Chico sempre recebeu.

*Respeitava a Doutrina Espírita através dos comentários de vários amigos quando o amigo Dr. Paulo Rosa, então residente em Anápolis, em Goiás, onde nasci, me convidou para assistir uma palestra do companheiro Divaldo Pereira Franco. Fui com ele ao local em que se realizou a palestra referida e as palavras do estimado tribuno me comoveram de tal modo, que senti a necessidade de trabalhar na Causa Espírita, em cujas tarefas me encontro compromissado até hoje.*

*Weaker Batista*[19]

Uberaba, 12 de março de 1988.

---

[19] Transcrito do livro *Nas pegadas do Nazareno*, de Miguel de Jesus Sardano, Leal, 1988.

No ano seguinte a esse bilhete, 1989, desencarnaria esse valoroso companheiro de Chico que, ao lado de sua esposa, muito colaborou nas atividades do *Grupo Espírita da Prece*, em Uberaba.

Weaker e Zilda Batista representam a legião de anônimos que se apaga, para que figuras como Chico possam destacar-se, mesmo não procurando destaque de espécie alguma. Nesse particular, Chico sempre se mostrou extremamente agradecido aos bons cireneus que Jesus colocou em seu caminho, corações que, no anonimato, foram vitais em algum momento da sua trajetória.

O mesmo se pode dizer de Divaldo, pois também existiram pessoas que pouco ou nenhum destaque receberam nos escritos a respeito de sua vida, mas sem elas não haveria o conferencista, o bom médium, o administrador, o cidadão, a pessoa Divaldo Franco.

Todos nós temos um médico de nossa preferência, uma professora que nos tenha marcado, um amigo com quem conversamos sem reservas, um estranho que, em dado momento, foi essencial para que uma situação delicada tivesse um desfecho feliz.

Sabermos qual é o nosso lugar e o nosso papel no mundo é fundamental para que aceitemos nossa vida como se encontra e, em um segundo momento, nós tentemos modificá-la de acordo com os nossos objetivos materiais e espirituais.

Embora fosse amigo de Chico, Weaker não deixou de expressar sua opinião a respeito de Divaldo, dizendo-nos que podemos amar uma pessoa sem que precisemos odiar outra; que podemos reconhecer as qualidades de alguém sem que, necessariamente, sejamos seu amigo íntimo. Demonstrar carinho e fidelidade a alguém não implica desgostar de outra criatura.

Quando temos amor, ampliamos as possibilidades de amar e nos fazer amados, e o que é a vida, sem esse sentido maior e sublime que é o amor? É o amor que põe brilho nas estrelas, fulgor no entardecer, música nas cascatas, delicadeza e perfume nas flores, beleza nas montanhas, majestade nos mares. Quando amamos, a vida se descomplica e os problemas mais facilmente se resolvem. Tudo ganha cor e a própria dor, que tanto nos incomoda, passa a ser vista e interpretada sob outro prisma.

Divaldo, ao lado dos bons Espíritos que por ele sempre se comunicaram, contribuiu, mesmo sem saber e sem fazer disso uma meta, para que o saudoso Sr. Weaker se inclinasse para os compromissos que deveria desempenhar na seara espírita. Depois, coube ao próprio Weaker realizar as tarefas singelas e extremamente úteis que executou ao lado de Chico.

Léon Denis, em um de seus arroubos profundos e poéticos, afirma com relação à tarefa de divulgar o Espiritismo:

> *Não há mais nobre, mais elevado cargo que ser chamado a propagar, sob a inspiração das potências invisíveis, a verdade pelo mundo, a fazer ouvir aos homens o atenuado eco dos divinos convites, incitando-os à luz e à perfeição.*[20]

---

[20] Léon DENIS, *No invisível*. Parte I, cap. V.

Claro que reconhecemos a nobreza dessa tarefa, mas não devemos perder de vista a grandiosidade e a importância de outras que não aparecem, não geram destaque, como é o seu caso.

Por outro lado, se a nossa preocupação for abraçar tarefas pelo destaque ou pela ausência dele, cometeremos um grande equívoco, pois o que mais importa não é a natureza do que fomos chamados a realizar, mas como realizamos e o que edificamos em nós nesse exercício.

Os que mais aparecem são mais visados e cobrados, mas se priorizam a divulgação do Espiritismo e não a própria, estão no caminho certo. A humildade não é exclusividade da vestimenta, da moradia e do linguajar simples. Ela pode estar ausente em um mendigo e presente em uma pessoa abastada e vice-versa.

Da mesma maneira que um simulacro de humildade, ou seja, uma falsa humildade pode esconder, manter oculto o desejo que a pessoa tem de ser vista, elogiada e apontada como alguém que tenha tal qualidade. Simplificando, são aquelas pessoas que dizem: *eu me orgulho da minha humildade!*

Pedro Leopoldo, 14-3-50.

Meu caro Divaldo

Um grande abraço de União e f

Deus nos abençõe a todos

## 05
## Os prefácios recebidos por Chico Xavier para livros psicografados por Divaldo.

saudades, colhidos no [...] abr
coração para o [seu] [...]
muito afetuosamente, o irmão
que não o esquece.
Chico

As vidas desses dois grandes missionários se entrelaçaram muitas vezes, os caminhos se cruzaram nas estradas do destino e da evolução, gerando bênçãos não apenas para um e para outro, mas para todos os que tiveram a oportunidade de conviver e laborar ao lado deles, trabalhando-se também, sem idolatria ou desejo de destaque.

Divaldo sempre afirmou publicamente o quanto aprendeu e cresceu, convivendo, ainda que esporadicamente, com Chico. Nunca negou a grande escola de vida e de mediunidade que representou a vida missionária do amigo. Mas decidiu não ficar na contemplação. Arregaçou as mangas e foi viver a sua própria história, a fim de não viver uma vida que não fosse a sua e pegar carona na biografia do companheiro a quem sempre dedicou seus melhores sentimentos.

Chico, por sua vez, amoroso e sabedor do quanto seria importante ao trabalho mediúnico de Divaldo, em alguns momentos específicos, à chancela de Espíritos Amigos, abriu-se, como médium exemplar que sempre foi para a captação psicográfica dos prefácios enviados pelos Espíritos Nobres a livros recebidos pelo bom baiano.

São eles:

***1. Estesia*** – Tagore (28/01/58 em Matozinhos - MG)

Tagore canta o deslumbramento de um pobre pastor ante o sol da manhã e ante todo o cântico entoado pela Natureza. Não se trata de uma manhã qualquer, mas de um amanhecer especial, cheio da presença Divina, que sempre existe em todas as manhãs, mas que raramente percebemos. Tudo, na descrição de Tagore, exalta a vida: o ninho, a relva, a avena, a luz que chega com o dia, os insetos multicores, as gotas de orvalho, os insetos coloridos, o vento e o sol.

Esse amanhecer é bem a metáfora do nosso despertar para as claridades espirituais, para a necessidade de nos conhecer e nos transformar sob a luz benfazeja do Evangelho.

***2. Além da Morte*** – André Luiz (13/01/60 em Uberaba - MG)

O Espírito André Luiz inicia o prefácio mencionando a diversidade de Espíritos atormentados que, diariamente, aportam no Mundo Espiritual: suicidas, criminosos, malfeitores, doentes, loucos, infelizes e a todos eles se oferece o socorro e o esclarecimento, o consolo e a luz da verdade, embora nem todos consigam perceber a Misericórdia Divina estendendo-lhes a mão generosa.

Em razão desse despreparo, André Luiz nos concita ao estudo do Espiritismo, chamando a Doutrina de *instituto mundial de esclarecimento da alma*, para os que possuem *olhos de ver* e *ouvidos de ouvir,* consoante a advertência fraterna de Jesus.

É um livro bem interessante, escrito por alguém que viveu na *Mansão do Caminho*, foi espírita e, nem por isso, deixou de se surpreender com o fenômeno da morte e com a realidade que se lhe desdobrou no Mundo Espiritual.

**3. Calvário de Libertação** – Bezerra de Menezes (09/06/79 em Uberaba - MG)

Dr. Bezerra dirige-se a Divaldo chamando-o de amigo e ressaltando a importância do aprimoramento do medianeiro por meio do trabalho, de modo que o tempo se encarregue de lhe abrir novas oportunidades de serviço e realização.

Para que esse aprimoramento se dê, torna-se necessária muita perseverança nas ações construtivas e, segundo Bezerra, Victor Hugo é a expressão viva de como isso é possível.

Salienta que é preciso buscar o Senhor na estrada que Ele nos deu para percorrer. Tece ainda comentários a respeito do livro e roga as bênçãos de Jesus para Divaldo e Victor Hugo, Amigo Espiritual que se afinou aos canais mediúnicos de Divaldo para o envio de alguns livros à luz do Espiritismo.

**4.** *Confirmação, por meio de Chico Xavier, da presença de Bezerra de Menezes,* que deu uma comunicação psicofônica, em público, por meio de Divaldo (23/08/80 em Uberaba - MG)

A mensagem serviu de prefácio ao livro **Diálogo com dirigentes e trabalhadores espíritas**, que foi o resultado de um encontro promovido pela USE – União das Sociedades Espíritas do Estado de São Paulo, com Divaldo, nos dias 19 e 20 de abril de 1980. No dia 20, Divaldo respondeu a inúmeras perguntas que lhe foram feitas pelos trabalhadores espíritas do Estado de São Paulo, tendo concluído os trabalhos com uma comunicação do Espírito Bezerra de Menezes, confirmada por Chico Xavier, por quem o mesmo Espírito se comunicou no dia 23 de agosto de 1980. Vejamos um pequeno trecho dessa mensagem: *Estivemos contigo – os amigos espirituais – na presente jornada, tanto quanto em outras iniciativas, em que fomos chamados à sementeira do reconforto e do esclarecimento, da fraternidade e da esperança.*

**5. Alerta** – Emmanuel (10/07/81 em Uberaba - MG)

Esse é o único livro de Divaldo que recebe prefácio de Emmanuel, o lúcido e amadurecido Espírito que guiou os passos de Chico Xavier ao longo de toda a sua vida apostolar.

Emmanuel ressalta que o livro é uma valiosa contribuição nos serviços de preservação da segurança e da paz. Uma obra que propicia ao leitor atento ferramentas para manter o equilíbrio e a calma.

Roga que amparemos os nossos irmãos, muitas vezes tranquilos por fora, mas totalmente convulsionados por dentro, próximos, por vezes, do suicídio e da loucura. Por fim, enaltece o valor do amor como fator fundamental para reerguer e asserenar, construir e reconstruir.

**6. Nas fronteiras da loucura** – André Luiz (15/05/82 em Uberaba - MG)

Nesse livro, o Espírito Manoel Philomeno de Miranda começa afirmando ser *muito diáfana a linha divisória entre a sanidade e o desequilíbrio mental* e o prefácio do Espírito André Luiz, intitulado *Explicação*, vem chancelar o trabalho desenvolvido por Philomeno no mundo espiritual, bem como a obra enviada pela psicografia de Divaldo. Além de um excelente livro acerca da temática da obsessão, traz também uma reflexão espírita a respeito dos bastidores espirituais do carnaval carioca.

**7. O amor continua** – Bezerra de Menezes (14/04/83 em Uberaba - MG)

Por meio de Chico, Dr. Bezerra afirma ser esse livro o ponto de junção entre dois tarefeiros da mediunidade. Explica que são páginas de amor e reconforto, trazidas por aqueles que partiram, para encorajamento dos seus entes queridos que aqui permanecem. O médico dos pobres roga a Jesus que nos permita seguir nas mesmas faixas de união e trabalho.

Dr. Bezerra, por meio de Divaldo, enfatiza que o amor, força motriz que equilibra o Universo, continua para além da morte e que a vida é um todo contínuo. O Amorável Benfeitor exorta-nos a debruçarmos sobre as páginas dessa obra, refletir acerca dos depoimentos trazidos, de modo a nos preparar cada vez mais e melhor para o nosso crescimento espiritual.

**8. Painéis da Obsessão** – Bezerra de Menezes (30/07/83 em Uberaba - MG)

Dr. Bezerra designa Manoel Philomeno de Miranda, o Autor Espiritual do livro, de amigo, afirmando que os painéis que ele artisticamente pintou são como chapas radiográficas retratando a doença espiritual de todos os séculos: a obsessão. Em seguida, diz que é dever de todos os que têm alguma experiência e conhecimento, nessa área, divulgar tais informações na feição de aviso e socorro.

**9. Árdua Ascensão** – Bezerra de Menezes (02/07/85 em Uberaba -MG)

Dr. Bezerra exalta a necessidade do sacrifício pessoal como preço, passaporte de acesso aos caminhos da Grande Luz.

É um prefácio sucinto, porém, profundo naquilo que nos sinaliza, acerca da necessidade do sacrifício, que não precisa ser feito de forma masoquista, nem com isolamento do mundo.

O convite de Jesus é para o sacrifício no lar junto à esposa, marido e filhos; para as pequenas renúncias no ambiente profissional; no grupo espírita em que nós atuamos; na via pública onde, muitas vezes, nos sentimos agredidos por pessoas e veículos e noutras, em que nos tornamos o agressor. Esse sacrifício é à luz do dia, no coliseu interno, no cotidiano de nossas vidas. Precisamos sacrificar o desejo de sermos aceitos e compreendidos por todos; sacrificar a vontade de ver as pessoas agindo segundo os nossos pontos de vista; sacrificar a expectativa de que aqueles que nos cercam aproveitem o tempo como julgamos aproveitar e cresçam no mesmo ritmo que procuramos crescer.

É nesses pequenos, constantes e difíceis sacrifícios que forjamos as bases morais para as tarefas maiores e mais complexas que, um dia nos serão confiadas, nesta ou em qualquer outra existência que ainda teremos pela frente.

Os capítulos XIII, XV e XVII de *O Livro dos Médiuns* oferecem fartos subsídios para que entendamos a mediunidade psicográfica. Além dessa obra básica fundamental, encontramos também em *Missionários da Luz,* de autoria do Espírito André Luiz, interessante referência à psicografia, logo no primeiro capítulo.

*Pedro Leopoldo, 14-3-80*

*Meu caro Divaldo*

*Um grande abraço de união e*
*Deus nos abençõe a todos*

# 06
## Mensagens de Benfeitores Espirituais recebidas por Chico Xavier e dedicadas a Divaldo Franco.

*saudades, colhidos em mim*
*coração para o seu, abr*
*muito afetuosamente, o irmão*
*que não o esquece.*

*Chico*

**1ª mensagem**
## MENSAGENS DE EMMANUEL

*Divaldo, meu filho. Jesus nos abençoe. Deixa que a inspiração da esfera superior te guarde o verbo, transformado em sublime instrumento para a extensão das eternas verdades! Jesus! Meu filho! Jesus ontem, Jesus hoje e Jesus para sempre... Iluminar os trilhos obscuros da filosofia, clarear a ciência enrodilhada no cipoal das indagações e sublimar a lógica, auxiliando os nossos irmãos no roteiro da vida terrestre, com o facho resplendente do Evangelho é nosso dever puro e simples. O homem moderno, superconfortado à base das conquistas que lhe enriquecem a experiência material, sente-se talvez mais sozinho que os nossos antecessores perdidos na ignorância. Possui, possuído – conhece os outros, desconhecendo a si mesmo – prega a solidariedade cristalizando o orgulho de raça e comenta a excelsitude do amor, alimentando as trevas do ódio que lhe infernizam as horas!... Somente o Cristo de Deus, pelas mãos que O demonstraram e pelas vozes que O revelam, através do exemplo e da palavra, da atitude e da diretriz, pode acender o sol da Nova Era, exaltada na esperança daqueles que aguardam, cantando, à luz dos milênios novos... Renasceste com a tarefa de estender-lhe a plenitude no campo do Espiritismo. Sente, raciocina, medita, fala e ensina, transmitindo a mensagem de que fazes mensageiro, ante o mundo necessitado. Paga em suor e lágrimas o privilégio de evidenciar-lhe a grandeza, plasmando-lhe os raios de amor e luz nos corações que te ouvem. Segue amando na certeza de que Ele, agora como ontem, caminha adiante de nós, alongando-nos mãos amigas!... Surja a tempestade ou reponte o espinheiro, caiam pedradas e cortem-nos o Espírito o estilete da injúria, lembremo-nos de que o vinagre foi-Lhe a refeição derradeira na cruz da morte... Quanto possível movimenta os teus recursos na tribuna ou na imprensa, tanto quanto no trabalho de cada dia, para que a claridade do Evangelho se irradie, vitoriosa... A frase nascida na corrente cristalina da Boa Nova é arco sublime nas fibras do coração. Distribui, desse modo, a música da beleza espiritual, no santuário das almas. Exteriorizemos o Cristo com todas as possibilidades das nossas limitações. Não te faltam amigos abnegados que te custodiam a caminhada estendendo-te as mãos. Não temas. Vestindo o sentimento na túnica da humildade, jamais seremos órfãos do Eterno e Divino Amor. Não importam padecimentos e provações. Importa que o bem se faça em nome do Bem Sem Fim. É possível que ainda hoje venha a rugir em nós a nuvem do passado, impondo-nos ao espírito as tormentas da dor, derramando-se em pranto de agonia e aflição. Todavia, meu filho, não olvides na estrada, que o viajor da fé, valoroso e sereno, ascenderá do vale, embora a pés sangrentos, para encontrar nos cimos a mensagem da luz.*

*Emmanuel*

\*Mensagem sem data. Ano provável: 1949.

Nessa singela mensagem de estímulo e encorajamento, Emmanuel, o Venerável Guia de Chico, oferece um roteiro para o jovem Divaldo. Não lhe acena com facilidades, não lhe promete venturas adquiridas sem nenhum esforço, não o ilude quanto aos obstáculos. Desenha a seus olhos o quadro que espera o trabalhador fiel e dedicado aos princípios do Evangelho: lutas, suor, lágrimas, pés sangrando, agonias e aflições. Mas, em momento algum, afirma que Divaldo viveria o desamparo, passaria por tudo isso sem corações dispostos a animá-lo e a amá-lo.

Como bom educador e profundo conhecedor da psicologia humana, sabia que precisava abrir os olhos românticos e sonhadores de Divaldo, de modo a aclimatá-lo para o que o esperava. E o que o esperava é o que espera a todos que decidam romper com certas conveniências e expectativas humanas.

A escolha de seguir a Jesus com fidelidade e sinceridade de propósitos ainda exige preço considerável que nem sempre estamos dispostos a pagar, tendo em vista a zona de conforto em que nos aclimatamos.

Salienta, ao amigo reencarnado, a necessidade de ter em Jesus o paradigma, a referência maior para seus passos no mundo. Divulgar e viver os postulados do Evangelho, se evangelizar no silêncio das horas, no contato com a multidão, na solidão dos seus pensamentos e das emoções impossíveis de ser compartilhadas, tendo em vista a singularidade de quem as registra.

Por isso, por querer evangelizar-se, desvelando o reino dos céus em sua própria alma é que Divaldo vem trabalhando e trabalhando-se ao longo de todos esses anos. Obra essa apenas acessível a ele e aos Benfeitores que o acompanham na sucessão do tempo. Obra da qual podemos ter apenas alguns vislumbres.

O que Divaldo tem dito, a moderna tecnologia grava.

O que a sua mediunidade tem registrado os livros têm preservado.

*Caminho da Redenção* e a *Mansão do Caminho* atestam sua vocação para o Bem, a fidelidade a Jesus e aos princípios espíritas.

Os amigos de ontem e de hoje sabem o quanto podem contar com sua presença amiga.

Os inimigos gratuitos nunca receberam qualquer revide de sua parte.

Os filhos, netos e sobrinhos da *Mansão* são gratos ao pai, ao tio, ao avô.

O Movimento Espírita sabe o que o trabalhador produziu e ainda produz de forma construtiva.

Mas, apenas e somente Divaldo sabe o que tem edificado em si, o que alcançou e o que ainda luta para desenvolver. Apenas ele tem a dimensão das vitórias e derrotas, dos risos e das lágrimas, das esperanças e dos desencantos que pôde experimentar.

Assim como nunca lhe faltou o amparo Divino, também sempre procurou amparar os pequeninos, aconchegando-os ao seu amoroso coração, estendendo seus melhores sentimentos a quem dele se acercou e ainda se acerca.

Embora já psicografasse e registrasse as presenças espirituais em seu derredor, não deixou de ouvir, aprender com a experiência de Chico e com a sabedoria dos Bons Espíritos que, por intermédio do médium mineiro, se manifestavam.

A postura de Divaldo nos remete a um trecho de *O Livro dos Médiuns,* quando Allan Kardec salienta a importância da prudência e, por que não dizermos, da humildade no trato com a mediunidade.

> *Suponhamos agora que a faculdade mediúnica esteja completamente desenvolvida; que o médium escreva com facilidade; que seja, em suma, o que se chama um médium feito. Grande erro de sua parte fora crer-se dispensado de qualquer instrução mais, porquanto apenas terá vencido uma resistência material. Do ponto a que chegou é que começam as verdadeiras dificuldades, é que ele mais do que nunca precisa dos conselhos da prudência e da experiência, se não quiser cair nas mil armadilhas que lhe vão ser preparadas. Se pretender muito cedo voar com suas próprias asas, não tardará em ser vítima de Espíritos mentirosos, que não se descuidarão de lhe explorar a presunção.*[21]

A mensagem de Emmanuel e a advertência de Kardec são consideradas alertas importantes e conselhos indispensáveis para todos nós que estudamos o Espiritismo e exercitamos as nossas faculdades mediúnicas.

Meditemos a esse respeito!

### 2ª mensagem

*Meu filho, Jesus nos abençoe. Desdobra-se-nos à frente o campo do trabalho. Nuvens de aflição na estrada em que repontam pedregulho e espinheiro... Cipoais de angústia gerando desconsolo e desolação... Torrentes de lama, retratando a miséria que flui, deplorável, das trevas da ignorância... É preciso avançar acendendo*

---
[21] Allan KARDEC, *O livro dos médiuns*. Parte II, cap. XVII.

*luz... Luz que nos descerre o trilho de ascensão para o Cristo, Nosso Senhor... Claridade que nos faça mais irmãos uns dos outros, no rumo da grande compreensão... Lâmpada que nos ilumine por dentro para que o coração nos santifique o raciocínio, renovando-nos o próprio modo de ser... Foste chamado à laboriosa tarefa do ensino. Pediste a obrigação que te pesa nos ombros. Rogaste para que o dever te abarcasse todos os pensamentos juvenis, a fim de que o arado da Bênção Divina te calejasse as mãos ao alvorecer...*

*Não estranhes, assim, a quota de suor e de lágrimas que o mundo te exige. Somente na água lustral do serviço e do sofrimento, na fé profundamente vivificada, conseguimos selar a grandeza da palavra, para que a nossa palavra crie valores para a Vida Maior. Lembra-te que o verbo cristão a escorrer-te dos lábios é sementeira de luz da Esfera Superior, da qual te fizeste depositário e não esmoreças. Segue para diante, ajudando e amando, embora o turbilhão de sombras que, por vezes, nos ameaça a construção do porvir. Escuda-te na consciência tranquila e no coração afervorado, na confiança em Jesus, o nosso Eterno Amigo, buscando exteriorizar-lhe o Evangelho de Amor. Decerto, velhos entraves do nosso passado próximo ressurgem hoje, como ontem reapareceram, inibindo-nos o passo... Entretanto, não olvides que a obra é do Senhor e não nossa.*

*Ele é o Dono de todos os nossos recursos, Senhor da nossa boca que fala dos nossos braços que realizam... Procuremos, desse modo, estender-lhe a Boa Nova de redenção. Com a linguagem silenciosa do exemplo, através da qual precisamos substancializar na Terra os princípios que esposamos, é imprescindível defender a Doutrina Libertadora do Espiritismo, preservando-lhe a integridade.*

*Nesse sentido, quando possível, mergulha as antenas de tua meditação nas fontes do Evangelho, facilitando a manifestação dos Benfeitores que se utilizam das tuas forças para a implantação da ideia espírita, onde fores convidado a lavrar a gleba dos corações e das consciências. É indispensável darmos algo de nós ao Espiritismo que tanto nos dá e podes, sem dúvida, enquanto o dia da existência física te favorece com valiosas possibilidades e plenitude de energias, fazer muito... Ampara a criança e o desvalido, o doente e o necessitado e sempre que impelido ao ensejo de auxiliar verbalmente, colabora para que o sol de Jesus reaqueça os Espíritos enregelados na indiferença, quando não se mostrem, desarvorados, na noite da desesperação e do crime. Cristo, meu filho! Cristo em nós, conosco e por nós! Jesus agora e depois. Jesus sempre! Allan Kardec foi o apóstolo que no-lo desvelou, novamente, em Sua glória divina. É por isso que o Espiritismo é a flama celeste nas almas, acalentando, reaproximando, reconstruindo... Muitas vezes temos prometido para esquecer!... Existências que se perderam para nós outros nos escuros meandros da inutilidade e da delinquência... Confundidos nos nevoeiros das interpretações dogmáticas, sabíamos justificar nossas deserções, mas, hoje, o altar da Nova Revelação escoimada de todo o exclusivismo sectário, não nos faculta qualquer negação. Trabalhemos! Trabalhemos! O nome do Senhor Jesus está empenhado em nossas mãos. Que Ele nos ampare na desincumbência do grave mandato de que nos achamos revestidos. Não relaciones pedradas e injúrias. Não te detenhas no inventário das ofensas e das incompreensões do humano caminho. "Ora por todos. Ajuda a todos. Compadece-te de todos". Essa é permanente lição de nossos maiores. Sejam o amor e a humildade o alicerce de toda e qualquer expressão de nossa jornada, entre aqueles que Jesus nos envia à tarefa cotidiana. Retribuir golpes com bênçãos, auxiliar onde os outros não encontraram portas para a ajuda fraterna, substituir a sarça por flores é lançar o bálsamo do entendimento sobre o fogo da intolerância, são privilégios que não podemos esquecer, aos pés do Excelso Pastor que amorosamente nos contempla e nos segue em cada instante da vida. Nosso irmão Vianna de Carvalho, tanto quanto outros, quais sejam Francisco d'Ávila e denodados irmãos hoje na senda de renovação e de luz, acompanham-te os passos. Segue e trabalha. Trabalha e serve. Serve e renuncia. E renunciando a nós mesmos, acertaremos sempre, ainda mesmo quando o mundo inteiro, aparentemente, se erga contra nós. Atendamos ao nosso labor espírita com Jesus e que o céu os abençoe. E que o teu ânimo não desfaleça, sustentando-se valoroso na esperança infatigável com que nos cabe a suprema fidelidade a Deus, são os votos do amigo e servidor.*

*Emmanuel*

Pedro Leopoldo, 14/05/57.

Essa segunda mensagem chega a Divaldo, quando este contava trinta anos. Não era mais um menino, embora trouxesse e ainda traga no coração os sentimentos de uma criança, hoje, naturalmente integrados à vivência do homem que acumulou vastas experiências em seus contatos humanos, em suas viagens, em sua vivência mediúnica e em sua relação consigo.

O sábio Emmanuel vem dizer coisas novas, ratificar as antigas, retificar algum engano e mais do que tudo isso, vem estimular o irmão reencarnado a prosseguir com seus labores. Prosseguir sem as ilusões de que tudo será fácil, vem dizer-lhe que ande sem expectativas de reconhecimento, aceitação e entendimento por parte das pessoas.

Afirma-lhe que não faltariam pedras, espinhos, lama, trevas, dificuldades inúmeras e que, em meio a semelhante paisagem, muito comum nesse tipo de viagem, não perdesse de vista a necessidade de acender em si a luz que iluminaria seus passos, clareando também o caminho dos que resolvessem acompanhá-lo nessa jornada.

Deixa claro que a tarefa de ensinar[22] foi uma solicitação sua, que rogou ao Mundo Espiritual, por ocasião do seu planejamento reencarnatório, que suas atividades pudessem ter início bem cedo, ainda na fase juvenil, de modo a não se desviar do bom caminho e poder aproveitar bem o tempo que lhe seria destinado nesta existência.

Em benefício dele próprio, Divaldo, o Espírito Emmanuel o concita a defender o Espiritismo com seus exemplos, exortando-o não apenas a falar, mas também a viver a mensagem propagada.

Essa necessidade que nos atinge a todos, esse nobre Espírito já havia dito cinco anos antes, na primeira edição do maravilhoso livro *Vinha de Luz*, quando assevera que [...] *pregar é revelar a grandeza dos princípios de Jesus nas próprias ações diárias.*[23]

Oferece-lhe um mapa singelo que o orientaria nesse percurso: o Evangelho.

Um guia perfeito: Jesus.

Uma estratégia formidável: trabalhar.

Recursos indispensáveis: oração, auxílio, compaixão.

Suprimentos para a sobrevivência: amor e humildade.

---

[22] Allan Kardec afirma em *O livro dos médiuns*, cap. III, "Do Método", que os adeptos não deveriam estranhar o uso da palavra ensino, pois: *Não constitui ensino unicamente o que é dado do púlpito ou da tribuna. Há também o da simples conversação. Ensina todo aquele que procura persuadir a outro, seja pelo processo das explicações, seja pelo das experiências.*

[23] Francisco Cândido XAVIER, *Vinha de luz*. Pelo Espírito Emmanuel, cap. 7.

Auxiliares fiéis: os Espíritos Vianna de Carvalho, Francisco d'Ávila e outros.

Tudo isso Emmanuel sinaliza, aponta para Divaldo, como fundamental para que ele encontrasse o tesouro que perseguia: a paz!

A sensação do dever cumprido com esforço, perseverança, mas também com alegria, prazer, sem transformar a tarefa em fardo que deva ser carregado com tristeza, masoquismo e sentimento de obrigação.

Se não fosse assim, a sua alegria costumeira seria uma fachada, o seu bom humor apenas traço de um personagem, a sua fé uma caricatura de bom cristão. Não, Divaldo entendeu a mensagem e vem, ao longo de todo esse tempo, mais de 50 anos depois, vivendo-a dia após dia, estação a estação, amadurecendo sua alma no exercício do Bem que espontaneamente escolheu como diretriz para a sua vida.

O que não quer dizer que não tenha seus momentos delicados, de mais fragilidade e até de dificuldades íntimas. Afinal, está na Terra e mesmo que tenha realizado tanta coisa, tem ainda suas necessidades espirituais e seus desafios íntimos.

Em *O Livro dos Médiuns*, no capítulo intitulado "Das perguntas que se podem fazer aos Espíritos", há uma nota do Codificador que vem ao encontro do que Emmanuel recomendou a Divaldo.

*Para progredir, precisa o homem, muitas vezes, adquirir experiência à sua própria custa. Por isso é que os Espíritos ponderados nos aconselham, mas quase sempre nos deixam entregues às nossas próprias forças, como faz o educador hábil, com seus alunos. Nas circunstâncias ordinárias da vida, eles nos aconselham pela inspiração, deixando-nos assim todo o mérito do bem que façamos, como toda a responsabilidade do mal que pratiquemos.*[24]

Por ter anotado o conselho desse Espírito educador e ter-se mantido fiel aos princípios espíritas, procurando educar-se, é que chegou até os dias atuais com a paz que tanto buscou e que ainda luta para consolidar em si, hora a hora, dia após dia, certo de que esse dever seguirá com ele para a vida espiritual e não se restringirá apenas a esta existência terrena. Isso porque a evolução não cessa e se manifesta por toda a parte do Universo, desdobrando-se em aspectos ainda insondáveis para nós.

Se, por um lado, as previsões de Emmanuel se cumpriram e suas advertências fraternas foram consideradas com muito carinho por Divaldo, a vida também lhe reservou alegrias indizíveis, contatos espirituais e humanos que o marcaram positiva e profundamente, lágrimas não apenas de dor, mas de contentamento, instantes de solidão sim, mas nunca de vazio existencial, companheiros exigentes, mas amigos leais, ainda que poucos.

Hoje, Divaldo é positivamente um homem feliz, dentro daquilo que se pode aspirar depois de uma vida tão longa e com tanto trabalho.

### 3ª mensagem

*Meus amigos, que o Senhor nos abençoe. Mocidade com Jesus é preparação do mundo melhor. Todavia, não basta que*

---
[24] Allan, KARDEC, *O livro dos médiuns*. Parte II, cap. XXVI.

*o jovem seja promessa do futuro. É necessário que ele aceite o presente por abençoada escola de trabalho renovador, afeiçoando-se ao programa do bem incessante, ainda mesmo com o sacrifício de suas maiores esperanças, no setor da luta particular. Juventude bem vivida é sementeira irrepreensivelmente realizada no campo do bem.*

*Assim, pois que os nossos amigos situados na manhã da experiência física jornadeiem acordados para a responsabilidade que nos compete. Flores que não produzem são aniquiladas ao sabor do vento. Busquemos, desse modo, acrescentar os valores da sublimação espiritual no mundo, para que a romagem terrestre não se faça infrutífera. Reverenciemos na mocidade a força e a beleza, a coragem e a esperança, mas auxiliemo-la a converter semelhantes dons em bênçãos de vida eterna, a fim de que a sua viagem no espaço e no tempo, sob a inspiração do nosso Divino Mestre, se transforme em peregrinação abençoada para a colheita da santificação e para a glória da luz.*

*Emmanuel*
Pedro Leopoldo, 19/05/54

Essa mensagem foi enviada pelo fato de Divaldo ter solicitado ao Espírito Nina Arueira uma palavra de estímulo para a mocidade do *Centro Espírita Caminho da Redenção*, que leva o seu nome.

Um pouco antes dessa consulta, feita em 1948, outro baiano, o educador Leopoldo Machado já deflagrara uma cruzada pelo Movimento Espírita Juvenil em todo o Brasil[25]. Com o auxílio de corações amigos e no intuito de abrir

---

[25] Clóvis RAMOS, *Leopoldo Machado: idéias e ideais*.

espaços mais amplos para os jovens em nossas casas e em nosso movimento doutrinário, ele promoveu, no Rio de Janeiro, o 1º Congresso Brasileiro de Mocidades Espíritas.

Leopoldo Machado foi um dos grandes baluartes, não apenas do Pacto Áureo e da Caravana da Fraternidade, que percorreu o país promovendo a união e a unificação, mas um dos pioneiros no reconhecimento do valor da criança, da mulher e da juventude espírita. Isso, em uma época em que havia pouco espaço para o jovem atuar, tendo em vista a mentalidade que vigorava naquele contexto.

Ainda hoje podemos nos deparar com centros espíritas que abrem pouco espaço para a formação de mocidades. São casas onde se encontram companheiros ignorantes, centralizadores e de mentalidade obscurantista. Almas que ainda não conseguem ver que os serviços necessitam de continuadores, que a casa espírita é um templo eminentemente educativo, que as novas gerações trazem uma bagagem distinta daquela de outra época e que, se não houver renovação, a casa acabará fechando suas portas.

Em *Diretrizes de Segurança,* os médiuns Divaldo Franco e Raul Teixeira respondem a inúmeras perguntas em torno do tema mediunidade e em uma delas, a de número cinquenta, Divaldo comenta a respeito da mediunidade na juventude. Recorda que as médiuns que colaboraram com Kardec oscilavam entre 12 e 15 anos e eram bem responsáveis, ao passo que podemos encontrar pessoas com idade avançada, mas sem qualquer amadurecimento para se submeter à disciplina necessária ao bom exercício das faculdades que conduz. E arremata afirmando que a questão não é de ordem cronológica e sim de consciência, de maturidade.

Vários Espíritos ditaram páginas a diversos médiuns, todas exortando a juventude ao compromisso, ao bom aproveitamento das horas, à disciplina e, ao mesmo tempo, a uma vida saudável com esporte, afeto, sexualidade, família e religião.

O Espírito Ivan de Albuquerque, quando encarnado, foi jovem espírita bem atuante, e escreveu pela mediunidade de José Raul Teixeira:

> *Meu irmão da faixa juvenil. Se queres penetrar as razões da dor e da agonia que se abatem sobre a Terra, fazendo-te triste pelos quadros de tormentos que te chegam à visão, busca a orientação do Espiritismo. Se queres caminhar pelas estradas humanas, guardando-te com alegria e responsabilidade, sem perderes o passo das lutas comuns que te visitam o caminho, certamente acharás forças na vivência espiritista que, em fazendo brilhar a tua própria luz, contagiará tantos quantos se aproximem dos teus exemplos.*[26]

Quem também tem uma fala carinhosa e maternal com a juventude espírita, especialmente com os médiuns ainda jovens, é Yvonne do A. Pereira que, em uma entrevista, assim se posicionou:

> [...] *também, eu aconselharia aos jovens a amar muito a mediunidade e a ter cuidado com ela; não*

---

[26] Raul TEIXEIRA, *Cântico da juventude*. Pelo Espírito Ivan de Albuquerque, in "Juventude e Espiritismo".

*forçar, de forma alguma, o seu desenvolvimento. A mediunidade tem de vir naturalmente, sem a pessoa forçar. Porque, é justamente, essa insistência em querer desenvolver uma mediunidade que, às vezes, nem existe, que tem dado essa deficiência nos médiuns, o que nós temos presenciado, ultimamente.*[27]

O convite de Ivan de Albuquerque e o conselho de Dona Yvonne se complementam, ou seja, estudar com afinco o Espiritismo e a partir da compreensão que esse estudo faculta lidar com cuidado com as questões mediúnicas, porém, sempre de forma natural.

Naturalidade com a sua e com a mediunidade alheia, não objetivando uma faculdade específica pela projeção que ela faculte ao seu portador, mas sim pelo bem que a sua manifestação possa ensejar de crescimento íntimo ao indivíduo que a possua.

Não idolatrar médium algum, colocando obstáculos em seu caminho, mas estimular sempre, tendo em vista as dificuldades que o medianeiro enfrenta em busca do sadio e equilibrado exercício da sua mediunidade. Ao mesmo tempo, não se transformar em guru, guia reencarnado de ninguém, estimulando as pessoas a andarem com as próprias pernas, com autonomia no pensar e no agir.

Emmanuel, portanto, estimula Divaldo e os companheiros da Juventude Espírita Nina Arueira a prosseguirem orientando os jovens, cultivando com carinho e, sob a Luz da Terceira Revelação, *a força e a beleza, a coragem e a*

---

[27] Pedro CAMILO, *Devassando a mediunidade*. (Anexos: Entrevista de Yvonne A. Pereira).

*esperança* que essas almas, em estágio juvenil, estavam trazendo para a renovação de si próprias e da sociedade onde foram chamadas a viver.

### 4ª mensagem
## MENSAGEM DE MANOEL PHILOMENO DE MIRANDA

*Irmão Divaldo, Jesus nos abençoe. Atendamos, sem descansar, a nova sementeira de fé. A fase da pesquisa intelectual dentro do Espiritismo, para nós que dessedentamos a alma nas fontes evangélicas deve cessar naturalmente, para que a nova luz brilhe em nós mesmos. Registamos, em toda parte, as necessidades da crença operante na lavoura do bem que não se cristalize nas convicções discutidoras, de vez que o tempo é patrimônio precioso que não menoscabamos impunemente. Não reprovamos a mente que indaga. Não censuramos a manifestação da curiosidade que perquire na condição de operária fiel da inteligência. Desejamos apenas salientar os imperativos do trabalho da compreensão e do amor que o Cristo nos legou, em seu apostolado de redenção. Usem muitos irmãos nossos o escalpelo da ciência, mas nós, meu amigo, manejaremos a chave da fraternidade real, abrindo corações para o Evangelho que regenera e aperfeiçoa. O campo exige a presença dos caravaneiros da bondade que convidem os homens através da suave mensagem do entendimento fraterno para a volta ao redil do Mestre que pronunciou o "Vinde a mim, todos vós os que sofreis!". Se não fixarmos os valores iluminativos da caridade que a Doutrina consoladora nos oferta, materializando as nossas atividades em obras de auxílio mútuo, de ensinamentos vividos e de práticas demonstrações da bênção que nos felicita, teremos reduzidos os tesouros sublimes da Revelação Nova a florilégios verbalísticos junto dos quais a miséria e o sofrimento do mundo não experimentam qualquer diminuição. Em nosso esforço de reajustamento não há lugar para a discórdia, para a polêmica ou para a incompreensão que sempre adiam indefinidamente o serviço básico da libertação espiritual. Nosso tempo mental permanece repleto de programas de amor e luz, em cuja execução a hora é valiosa colaboradora para o milagre do bem geral. Continuemos, meu irmão, na mesma cruzada renovadora em que nos achamos empenhados objetivando a vitória da solidariedade e do progresso na vida imperecível, porque o Espiritismo, acima de tudo, dá-nos a verdadeira visão do trabalho que nos compete a cada um. Sigamos na direção do Cristo. Discutir, muita vez, é simples palavrear; crer somente, quase sempre, é sonhar acordado; pedir sem dar de nós mesmos, no plano comum, é estimular a ociosidade destrutiva. Mas ensinar o bem, concretizando-o, guardar a fé agindo de conformidade com o nosso ideal superior e rogar os dons do céu para distribuí-los na terra, constitui o ministério do espiritista cristão em todos os ângulos do caminho. Jesus nos abençoe em nossos propósitos de renovação pelo serviço de todos, com todos e por todos sob a Sua bandeira divina e salvadora. E que possamos continuar unidos, no roteiro que nos congrega sob a suprema inspiração da caridade, é o que deseja o velho amigo e humilde irmão.*

*Manoel Philomeno*

(sem data)

Ao se referir à pesquisa intelectual, o Espírito Manoel Philomeno não censura quem deseja aprender ou ampliar seus horizontes culturais, apenas adverte quanto à pesquisa que não tenha este propósito, que torne a criatura um intelectual espírita, sem que haja aplicação prática ao que se descobre e se conhece.

É fundamental que haja estudo, troca, esclarecimento, múltiplas aprendizagens nas instituições que compõem o Movimento Espírita. É importante, inclusive, que, em nossas casas espíritas, haja um processo educativo em suas várias atividades, a fim de que elas contribuam significativamente para a promoção humana, para o crescimento do Espírito imortal. Mas, há quem se demore na pesquisa sem se conhecer, quem estude a fenomenologia mediúnica sem desejar nem promover o fenômeno mais urgente e necessário, o da própria transformação moral para melhor.

O Codificador adverte-nos quanto às polêmicas, diferenciando aquelas que somam daquelas que apenas subtraem.

> *Aliás, há um gênero de polêmica do qual tomamos por norma nos abstermos: é aquela que pode degenerar em personalismo. Entretanto, há polêmica e polêmica; uma há, diante da qual jamais recuaremos: é a discussão séria dos princípios que professamos.*[28]

Daí, o imperativo do trabalho sem ativismos, sem alienação no fazer em detrimento do estudar. É preciso seguir estudando, mas com as mãos laborando, e ocuparmo-nos, sem perder de vista a importância de nos esclarecer.

Sinaliza, ainda, para a necessidade da fraternidade, em nossas relações, tendo como referência a figura de Jesus.

---

[28] Allan KARDEC, *Revista Espírita*, novembro de 1858 in "Polêmica Espírita".

Como é importante fazer esse esforço de trazer Jesus para o nosso cotidiano, nos pequeninos gestos, nos pensamentos que cultivamos, no exercitar da nossa vontade, na maneira como lidamos com nossos problemas, nos anseios quanto ao futuro e na maneira como olhamos para o nosso passado.

Tudo será mais fácil quando trouxermos mais Evangelho para nossa vida, não apenas para a vida intelectual, mas também para a emocional. Facilitaremos, inclusive, o trabalho dos Benfeitores Espirituais junto a nós, pois seremos instrumentos mais dúcteis no exercício de nossas faculdades mediúnicas, teremos sintonia mais fina e caminharemos com mais leveza.

Precisamos transitar do hábito de apenas conhecer para o de nos conhecer. É por meio do ato de nos conhecer que poderemos melhorar nossas relações com a vida e com tudo o que a constitui, mas para isso necessitamos também de coragem, para admitir e nos aceitar como nós realmente somos percebendo a distância que nos separa do que ainda não conseguimos ser.

O estimado Emmanuel nos oferece um conselho precioso nesse sentido quando afirma:

> *Os maiores óbices psíquicos, antepostos pelo homem terrestre aos seus amigos e mentores da espiritualidade, são oriundos da ausência de humildade sincera nos corações, para exame da própria situação de egoísmo, rebeldia e necessidade de sofrimento.*[29]

---

[29] Francisco Cândido XAVIER, *O Consolador*. Pelo Espírito Emmanuel, p.80.

Se nos enquadramos nesse perfil descrito por Emmanuel, é hora de agirmos contrariamente a fim de alterar esse quadro. E nesse sentido Manoel Philomeno sabiamente apregoa: estudo e trabalho, tendo Jesus como exemplo em tudo o que fizermos.

### 5ª mensagem
## MENSAGEM DE FRANCISCO DE ASSIS

*Meu filho, Deus te abençoe. Estamos a pleno caminho da redenção. Nem os receios do início. Nem as revelações do fim. Trabalho por todos os lados. Perseverança no bem, como abençoado programa de cada dia, é o nosso lema. Não te iludas, pois, sobre o repouso, agora. Seria irrisão. Nem nos enganemos quanto a frutos imediatos do trabalho reajustador. Imprescindível caminhar agindo na sementeira sublime do futuro. Defrontados por imensa assembleia de adversários, visíveis e invisíveis do pretérito, não nos cabe a desistência. A única renúncia destrutiva, por vazia e inútil, é aquela que nos marca por almas ociosas e enfermiças, quando fugimos à luta. Ontem, valiamo-nos da inteligência para oprimir e perturbar... Ontem, o poder em nossas mãos apaixonadas e rudes, espalhando o temor e muitas vezes o sofrimento... Hoje, contudo, valorizamos os recursos intelectuais, na obra da caridade sem fronteiras e sem limites, e, agora, buscamos o poder de servir e auxiliar, em nome dAquele que é o Amor mesmo, transbordando luz no sacrifício pela Humanidade inteira. Não desfaleças. Em cada trecho da estrada, seremos surpreendidos pelas vibrações das nossas próprias obras, que o tempo guardou. É preciso que a esponja do trabalho incessante funcione em nossas mãos, ligada ao nosso coração e à nossa mente, para que os dias para nós, na atualidade, sejam marcos redentores. Todos os nossos centros de ação prosseguem ativos e bem inspirados na direção do bem. Se uma nova diretriz nos fosse facultado trazer aos companheiros, rogamos ao conjunto mais esforço e mais agilidade na lavoura do cristianismo aplicado, mas não ignoramos, filho meu, que a colheita não vem ao nosso campo, senão por prêmio a suor e dedicação. Façamos de nossa parte, sempre mais. Há centenas de trabalhadores invisíveis em função de auxílio constante ao "Caminho" e à "Caravana", que se transformaram em legítimas assembléias de socorro espiritual, de esclarecimento benéfico, de fraternidade e de amor. Continuemos. Avançar em execução dos Divinos Propósitos é nosso dever. Esperamos que todos os irmãos se mantenham a postos. Não nos achamos reunidos, por acaso, depois de quatro séculos de civilização baiana e brasileira. Temos compromissos. Não nos congregamos ali agora pela primeira vez. O tempo, compassivo agente da Infinita Bondade, nos guarda, de novo, sob a sua custódia a fim de nos desdobrarmos com o seu concurso, em ação intensiva na tarefa do esclarecimento de caridade. Toda a expressão de amparo aos nossos semelhantes é de nosso apostolado. A escola, o abrigo, o templo da fé, a casa de trabalho, a assistência aos sofredores, o asilo aos inválidos para a luta física e a proteção às criancinhas ao sol do Evangelho são faces do nosso ministério que não podemos esquecer. Que outros discutam à frente do Cristo, que outros permaneçam no país do entretenimento colhendo flores passageiras para a curiosidade leviana ou insatisfeita. Cada qual se sintoniza com as situações a que confia o próprio coração. Mas que o serviço ao próximo com Jesus por norma sublime, seja o nosso motivo de cada hora. Neste propósito e formulando votos para que nos unamos cada vez mais, na obra cristã que o Espiritismo nos descerra, abraça-te com muito carinho o velho companheiro,*

*Francisco.*

Pedro Leopoldo, 03/10/1950.

Com apenas 23 anos, Divaldo recebe esse roteiro para felicidade, que lhe é enviado com muito carinho por seu velho companheiro Francisco de Assis. Francisco, o *pobrezinho de Assis*, coração amigo dos animais e de toda a natureza, companheiro dos hansenianos (leprosos à época), das crianças e de todos os pobres e oprimidos. Foi ao seu lado que Divaldo e Nilson estiveram, em uma de suas reencarnações, na condição de seus discípulos, em plena Idade Média.

O fato de termos convivido com esse ou aquele vulto, nessa ou em outras existências, não nos faz melhores nem piores, pois tudo depende do que recolhemos dessa experiência.

Muitas vezes, tais experiências funcionam como uma espécie de divisor de águas na trajetória de um Espírito, em outras, muito pouco se registra e fica na intimidade do ser, necessitando de tempo para que aquelas sementes venham a germinar e florescer.

Com relação ao nosso baiano, era necessário aproveitar a sua juventude de modo que ele não perdesse tempo, tendo em vista que era preciso florescer e frutificar.

O Espírito Emmanuel, em mensagem enviada em 1957, vem dizer a Divaldo que ele próprio pedira para se deparar com o serviço espiritual em plena juventude.

Por isso, tão cedo as tarefas apareceram, convocando-o ao labor cristão, e Francisco de Assis foi enfático e profético quanto ao repouso que Divaldo não teria, a não ser que desertasse da tarefa. É também muito claro quanto aos inimigos visíveis e invisíveis, que sempre apareceriam em um ou em outro lance do caminho. Apareceriam tentando provocá-lo ou convidando-o a desistir, face aos ataques gratuitos, à inveja, às imitações, às cobranças e tudo o mais que *faz parte do pacote* de lutas e dificuldades, que aquele que deseja servir sob a inspiração de Jesus acaba por se deparar.

Incita o jovem Divaldo a prosseguir, dessa feita, usando a inteligência para o Bem, para esclarecer e não mais para oprimir, para minorar sofrimentos e não mais acentuá-los.

Francisco de Assis não vem santificar Divaldo, não vem endossar quaisquer ilusões do jovem acerca de si próprio, vem convocá-lo a muito trabalho que já aparecia e se desdobrava em várias frentes. Vem dizer-lhe que evitasse as discussões estéreis e vazias e que se envolvesse de coração com a causa espírita.

Divaldo entendeu perfeitamente, ainda que jovem, o que o amigo Francisco viera lhe dizer, não se deixou endeusar, sabia que se isso ocorresse poderia até produzir muito, mas por certo tempo; poderia até ajudar muita gente, mas muito pouco faria por si, em seu interior, em sua própria consciência.

Yvonne do A. Pereira era muito cautelosa e direta, quando se referia a esse tratamento diferenciado dado e até requisitado por alguns médiuns invigilantes:

> *E jamais, vejamos em qualquer médium um ser extraordinário alcandorado de angelitude, mas apenas uma alma em progresso, a quem Deus outorgou possibilidades de adiantamento moral-espiritual, servindo o próximo, alma de quem o próprio compromisso mediúnico exigirá inauditos esforços, mesmo sacrifícios, para o bom cumprimento do dever à frente da Criação.*[30]

---

[30] Yvonne do Amaral PEREIRA, *À luz do Consolador* in "Mediunidade e Doutrina".

A mensagem de Francisco é uma mensagem particular, mas de sentido e aproveitamento coletivo, com utilidade para todos nós que desejamos crescer de dentro para fora, guiados pelas diretrizes espíritas.

Seguem agora sonetos do Espírito José Petitinga, Auta de Souza, Amaral Ornelas, e alguns breves recados de Maria Dolores (Madô), Bezerra de Menezes, Emmanuel e Anna A. Franco destinados a Divaldo. Tais sonetos e breves mensagens não receberam comentário adicional algum, deixando a cada leitor a possibilidade de interpretá-los segundo seu próprio talante e dentro da perspectiva que desejar, não apenas por se tratar de poesia, mas também porque já acrescentamos citações e comentários nas mensagens mais extensas.

### 6ª mensagem
### SONETO DE JOSÉ PETITINGA
*Na Jornada*

*Somos velhos e exaustos peregrinos*
*Rebentos de sombrios desenganos*
*Procurando na dádiva dos anos*
*Esquecer os passados desatinos*

*Busquemos em Jesus os dons divinos*
*Fugindo, no caminho, a novos danos.*

*Aceitando-lhe os braços soberanos*
*Os exemplos e lúcidos ensinos.*

*Deixemos para trás trevas e escombros...*
*Seja a dor cruz sublime em nossos ombros*
*Pela renovação que nos invade!*

*E de mãos no trabalho e fronte erguida.*
*Colheremos no topo da subida*
*A luz eterna da imortalidade.*

*José Petitinga*
Pedro Leopoldo, 25 de outubro de 1950.

## 7ª mensagem
## SONETOS DE AUTA DE SOUZA
### No Caminho da Redenção

*A Terra é o campo em luz que te alimenta e veste*
*Sublime e doce mãe que te recolhe e guia*
*Através da lição que surge, cada dia*
*Às glórias imortais do Grande Lar Celeste.*

*Não te mostres hostil, ante o caminho agreste,*

*Louva o dom de lutar e, cedo,*
*Principia o labor fraternal nas leiras da harmonia*
*Para que o Cristo-sol por ti se manifeste.*

*Companheiro da fé que retomas o arado,*
*Semeia com Jesus o mundo renovado*
*No serviço do bem que a redenção encerra!...*

*E, amanhã, contemplando a seara bendita,*
*Gozaremos a paz da ventura infinita,*
*Na vitória do amor cantando em toda a Terra...*

(Sem data)

### 8ª mensagem
### Ama Sempre

*Guarda a missão de paz, risonha e pura,*
*Da luz celeste que nos ilumina.*
*Quanto mais treva, tanto mais divina*
*A derramar-se pela Terra escura.*

*Não te rebeles contra a desventura*
*E se o mal te confrange ou desatina*

*Recorda a fonte humilde e cristalina*
*Que estende ao lodo a bênção da ternura.*

*Vive tua alma a glória do infinito*
*E ampara, sem cessar, ao mundo aflito*
*Por mais que a dor te fira ou desagrade.*

*E subirás cantando, desde agora*
*Pela fé que te ajuda e te aprimora*
*Aos impérios do amor na eternidade.*

Pedro Leopoldo, 14 de janeiro de 1950.


## 9ª mensagem
### *Página a Divaldo*

*Bendize, filho, as dores que carregas*
*Para consolo das alheias dores...*
*Louva os dardos e os golpes remissores*
*Do caminho de luz a que te entregas!*

*Espinheiros... Pesares... Amargores...*
*Ambições... Ansiedades... Lutas cegas...*

*Eis o campo de sombras onde pregas*
*O Eterno Amor de todos os Amores...*

*Exaltando a aflição que te ilumina,*
*Não te afastes da cátedra divina,*
*A cruz, que, em nos ferindo nos socorre.*

*Quem com Cristo padece e renuncia,*
*Aprendendo e servindo, cada dia,*
*Com Cristo encontra o amor que nunca morre.*

Pedro Leopoldo, 13 de outubro de 1953.

## 10ª mensagem
### Agora

*Agora, enquanto é hoje, eis que fulgura*
*O teu santo momento de ajudar!...*
*Derrama, em torno, compassivo olhar*
*Estende as mãos aos filhos da amargura...*

*Repara!...Aqui e além, a desventura*
*Caminha ao léu, sem pão, sem luz, sem lar*

*Acende o próprio amor! Faze brilhar*
*A tua fé tranquila, doce e pura!*

*Agora! Eis o minuto decisivo!*
*Abre teu coração ao Cristo vivo,*
*Não permitas que o tempo marche em vão.*

*E ajudando e servindo sem cansaço,*
*Alcançarás, subindo, passo a passo,*
*A glória eterna da ressurreição.*

Pedro Leopoldo, 18 de maio de 1954.

**11ª mensagem**
**SONETO DE AMARAL ORNELAS**
*Mensagem de Fé*

*A tormenta bramindo invade a Terra em luta.*
*O mundo é imenso mar, que se agita e encapela,*
*Em que o mal a rugir, postada sentinela,*
*Ergue, por toda parte, a clava horrenda e hirsuta.*

*Contempla o pego hostil!...Detém-te, pensa e escuta...*

*Encontrarás a dor que em tudo se revela*
*Como estranha aflição na indômita procela*
*Que pretende o retorno à treva e à força bruta...*

*No entanto, embora a noite, intimorato, avança*
*E, acendendo no peito o lume da esperança,*
*Persevera no bem, ama, serve e confia.*

*E enquanto a humanidade, em crise, clama e treme,*
*Não olvides que Cristo é a luz que está no leme,*
*Conduzindo-te o barco ao sol do Novo Dia.*

*Amaral Ornelas*
(15/05/57 – Matozinhos, em culto no lar de Hermelita).

## 12ª mensagem
## MENSAGEM DE MADÔ
### Recados Breves

*Divaldo amigo, prossegue!*
*Que a dor não te desanime*
*A Terra escola sublime*

*É um campo renovador...*
*Espalha o verbo do Cristo,*
*Além da terrestre estima,*
*Depois do calvário acima,*
*Começa o Reino do Amor!*

*Madô*

Uberaba, 08 de outubro de 1977.

### 13ª mensagem
### MENSAGENS DE BEZERRA DE MENEZES

*Filho, Jesus nos abençoe.*

*"O semeador saiu a semear..."*

*A palavra de Cristo é cada vez mais atual, diante do mundo necessitado de amor e luz, paz e bênção.*

*Não esmoreça. Continuemos. O endereço para a entrega mais imediata do socorro do Senhor aos obreiros da Sua causa de redenção, na Terra, é o trabalho em que esses obreiros fiéis se encontrem.*

*Trabalhemos, quanto nos permitam as próprias forças e confiemos em Jesus, hoje e sempre.*

*Bezerra*

Uberaba, 07 de outubro de 1977.

### 14ª mensagem

*Filho, Jesus nos abençoe. A palavra do Evangelho é luz repartida entre aqueles que a recebem e aqueles outros que a distribuem. Continue na obra altamente meritória de acordar corações para o Cristo de Deus, na certeza de que todos aqueles que se entregam à sementeira da verdade por amor ao Eterno Amigo, se lhe fazem arautos e obreiros na construção do mundo melhor. Perseveremos no campo do bem e estejamos na convicção de que o amparo do Senhor estará conosco hoje e sempre.*

*Bezerra*

Uberaba, 15 de abril de 1978.

### 15ª mensagem

*Divaldo amigo, o Senhor nos abençoe. Não tema. Sigamos ao encontro de nossos deveres confiando em Jesus, na certeza de que Ele, o Senhor e Mestre, nos abençoará hoje como sempre.*

*Bezerra*

Uberaba, 10 de novembro de 1980.

Esse bilhete dirigido a Divaldo e recebido por Chico Xavier, em sua casa, ocorreu minutos antes de Divaldo conceder uma entrevista a um canal de televisão na cidade de Uberaba, Minas Gerais, quando, em 1980, foi receber o título de Cidadão Uberabense. Face aos ataques que o Clero local desferia ao Espiritismo e aos espíritas em geral, havia um clima de certa apreensão no ar e Divaldo, confidenciando suas expectativas ao amigo, por meio dele recebeu essa e outras mensagens. Divaldo também psicografou e seguiu para a execução da sua tarefa ainda mais confiante. A entrevista foi concedida, com grande êxito, e alcançou positiva repercussão entre os telespectadores.

Nessa mesma noite, diante das câmeras, solicitado a um exercício de psicografia, Divaldo recebeu uma mensagem especular, isto é, escrita de trás para frente e em inglês, do Espírito Joanna de Ângelis.

### 16ª mensagem
## MENSAGEM DE EMMANUEL

*Irmão Divaldo, que o Senhor nos abençoe. À frente do futuro luminoso que a caridade evangélica desenha para o Caminho da Redenção, rogamos a Jesus faça chover sobre o seu coração fraterno e devotado ao bem e sobre a fronte de todos os nossos companheiros de luta pela vitória cristã, as bênçãos do Seu infinito amor, para que as searas de luz coroem o esforço dos prezados irmãos na sementeira do Evangelho salvador.*

Emmanuel

Pedro Leopoldo, 01 de setembro de 1950.

### 17ª mensagem
## MENSAGEM DE DONA ANNA ALVES FRANCO EM 19/02/81.

*Meu pai era um homem semialfabetizado, minha mãe não era alfabetizada, não distinguindo bem algumas de outras questões de magnitude.*[31]

---
[31] Carlos A. BACELLI, *Divaldo em Uberaba*, p.122.

*Divaldo, meu filho, Deus abençoe os seus passos. Se pode um coração de mãe esforçar-se por se exprimir, para repetir quanto ama aos filhos que Deus lhe confiou, aqui estou eu fazendo isso. Reconquistar a memória para a escrita foi para mim um trabalho laborioso, mas voltei a pensar nisso para conseguir abençoá-los, mesmo quando a morte me transformasse como o fez. Aí, a criança é alguém que retoma a escola a fim de aprender para relembrar. Aqui, de outro modo fazemos o mesmo. Não será preciso tantas regras para reaver as lembranças quando desejamos apenas manifestar com simplicidade o nosso amor. Estas palavras escritas são pobres, mas refletem o carinho de sua mãe, ansiando agradecer. Tão pobre quanto eu mesma, esta carta vale apenas pelas preces que fiz e pelas lágrimas que chorei, desejando falar a você e aos seus irmãos que estou viva. Todos estão em meu coração e em minhas lembranças e peço a Deus que os conserve tão simples e tão ligados à fé em Deus como em nosso lar. Estou, meu filho, nas tarefas de mãe, como não podia deixar de ser. Sigo a todos com o carinho de sempre, mas quero agradecer a você os pensamentos de paz e amor que me envia. Hoje compreendo que os filhos não são nossos. São encargos de Deus em nossas mãos. Nunca pude, aí no plano físico, penetrar com segurança o seu trabalho, no entanto, hoje, em oração, peço a Jesus lhe conceda as forças de que precisa a fim de cumprir as obrigações que lhe foram confiadas. Não posso traduzir inquietações maternas num serviço que não nos pertence. Limito-me à prece com que sigo suas iniciativas, que são as iniciativas dos Espíritos sábios, nas viagens que atualmente marcam as suas experiências. Sempre que você estiver aí distanciado do Lar-Mansão em que vivem as suas crianças, lembre-se de nossa casa repleta de amor, onde o pouco era muito pelas bênçãos de Jesus que contemplavam tudo o que era nosso. Essa visão nos fará bem, porque estarei dentro dela pedindo a Jesus proteja as suas horas. Agradeço a você por haver conduzido a nossa Dete para o serviço ao seu lado e continuo desejando o melhor à nossa Otília e a seus irmãos. De minha parte estou vinculada presentemente às realizações em Salvador, nas quais as raízes de seu trabalho e de seu coração não me deixaram indiferente. A família ampliou-se. Muitas vezes, ouvi o seu chamado para que fosse habitar, em espírito, na casa de bênção que nos fala de maneira assim tão alta aos sentimentos e consegui, pela infinita bondade de Jesus, remover a nossa Dete a fim de trabalhar em nossa companhia. É verdade, meu filho, que seu pai nos deu a família menor, mas de suas mãos recebi a Família Maior, com a qual vou aprendendo a me identificar. Nosso Francisco e outros benfeitores me apoiaram nas primeiras horas da vida verdadeira, mas encontrei igualmente uma querida amiga da Terra, a nossa irmã do coração Maria Domingas Bispo, cuja amizade foi para mim de valiosa significação quando vocês, ainda pequenos, me inspiravam mais cuidados e mais atenção. Não importava estivéssemos razoavelmente longe uma da outra, do ponto de vista de moradia, porque, muitas vezes, as nossas preces se confundiam uma com a outra, porque as mães são sempre irmãs entre si. Você gosta de assinalar datas como sucede com o meu 10 de fevereiro, pois a nossa estimada Maria desencarnou em nossa Feira de Sant'Ana em 7 de julho de 1931. Como se vê, os dias ficam também marcados para nós, quando o nosso tempo diante uns dos outros está impregnado de amor. Graças a Deus, vou melhorando sempre e agradeço aos amigos que o assistem e o carinho com que nos protegem, especialmente o irmão Manoel Philomeno. Filho querido, já que não posso entender toda a extensão do seu trabalho, imagine-me rezando por sua paz. Nessa atitude, trago todos os meus filhos no coração. Perdoe-me se ainda não sei expressar-me como.... De qualquer modo, receba com o meu pensamento de alegria e de esperança, as bênçãos do amor e da confiança da mamãe.*

*Anna*

Uberaba, 19 de fevereiro de 1981.

Dez anos depois de desencarnar, no dia 15 de fevereiro de 1972, D. Anna volta para dizer ao filho que estava viva e que prosseguia agora em outras lutas, especialmente a de se perceber sem um corpo físico e com necessidades de prosseguir evoluindo, modificando-se por dentro, em face à nova realidade a que a vida a conduzira.

Volta com a mesma simplicidade que lhe caracterizava as expressões, o que atesta, de forma contundente, a veracidade da sua presença e da sua identidade.

Vem dizer que não recobrou de imediato a memória de que sabia ler e escrever, que havia aprendido em outras reencarnações. Informa que precisou de tempo, paciência, esforço, perseverança e que a vontade de enviar notícias por escrito aos filhos foi a sua principal motivação.

Antes disso, Divaldo já sabia do seu estado, já havia identificado sua presença nos labores da *Mansão do Caminho*, dialogado com ela em outros momentos e lugares, mas essa foi a primeira vez que ela havia se manifestado por escrito e por um médium cujas faculdades sempre estiveram acima de quaisquer suspeitas.

Imagino que pudesse escrever por intermédio de Divaldo, mas optou por fazê-lo por outro medianeiro, o que atesta ainda mais a sua imortalidade. Creio que não apenas optou, precisou ter a permissão e o auxílio da Espiritualidade amiga para que se desse esse intercâmbio.

A menção à presença do Espírito Maria Domingas Bispo gerou questionamento por parte de alguns parentes, que desconheciam o fato de Dona Anna ter essa amiga. Divaldo, apesar do estranhamento familiar, estava convicto de que essa senhora existira, especialmente pelo fato de a mensagem ter vindo por intermédio de Chico Xavier.

Mas, vejamos como Ana Maria Spränger, companheira espírita da cidade do Rio de Janeiro, se refere a esse fato, em seu livro biográfico a respeito de Divaldo:

> *Pesquisas foram feitas com a ajuda do prefeito que havia sido contemporâneo do médium baiano no grupo escolar. Não havia registro de nenhuma D. Maria Domingas Bispo em nenhum cemitério local (Feira de Santana). Divaldo pediu auxílio a um amigo, Lauritz Bastos, que depois de uma prece, num dia de inspiração e otimismo, após inúmeras tentativas encontrou o registro do óbito, com a mesma data e detalhes da mensagem do Chico. Num cemitério bem afastado do centro da cidade, numa localidade chamada São José das Pororocas. Por que teria seu corpo sido enterrado em São José das Pororocas? Dona Maria Domingas Bispo, por ter sido protestante, fora inumada num cemitério próprio, já que os evangélicos, naquele tempo, não tinham permissão de serem enterrados com autorização das Santas Casas locais. Devido a um atavismo religioso, acreditava-se que eles seriam castigados por Deus, por não serem batizados!*[32]

Essa pesquisa veio comprovar que Divaldo estava certo e que a mensagem era legítima, em todos os detalhes, o que acabou convencendo os parentes que levantavam dúvidas quanto à existência de Dona Maria Domingas.

---

[32] Ana Maria SPRÄNGER, *O Paulo de Tarso dos nossos dias*, cap. 24.

Na sequência da mensagem, Dona Anna, ao se referir aos filhos como encargos que Deus nos confia, faz-nos lembrar do excelente poeta libanês, Gibran Khalil Gibran, quando afirma no seu belíssimo livro *O Profeta*: *[...]que nossos filhos não são nossos filhos. São os filhos e as filhas da ânsia da vida por si mesma. Vêm através de nós, mas não de nós. E embora vivam conosco, não nos pertencem.*

Mãe dedicada à sua prole precisou desencarnar para ampliar suas percepções quanto à família universal e diz, sem nenhum pudor ou receio do que possam pensar, de que aos poucos é que se vai identificando com essa família maior. Por outro lado, venhamos e convenhamos que ter treze filhos já é ter *uma família universal*.

Menciona o amparo recebido de corações amigos, já domiciliados na Pátria Espiritual e o quanto prosseguia tentando amparar a todos os filhos, embora com as limitações que lhe caracterizavam a alma naquele contexto.

Anna e Francisco, genitores de Divaldo e seus irmãos foram, no dizer do Espírito Áulus, *médiuns da vida*.

Mas o que significa ser médium da vida?

Essa expressão encontra-se ao final do livro *Nos Domínios da Mediunidade*, aqui já citado outras vezes, em que, depois de apresentar e explicar aos Espíritos André Luiz e Hilário muita coisa a respeito do assunto mediunidade, finaliza seus esclarecimentos enaltecendo o papel dos pais, na condução da própria prole. Afirma o benfeitor que ambos, *o homem e a mulher, abraçando o matrimônio por escola de amor e trabalho, honrando o vínculo dos compromissos que assumem perante a Harmonia Universal, nele se transformam em médiuns da própria vida [...]*.

E prossegue ainda Áulus:

*Além do lar, será difícil identificar uma região onde a mediunidade seja mais espontânea e mais pura, de vez que, na posição de pai e de mãe, o homem e a mulher, realmente credores desses títulos, aprendem a buscar a sublimação de si mesmos na renúncia em favor das almas que, por intermédio deles, se manifestam na condição de filhos.*[33]

Dona Anna Franco foi essa médium da vida, mulher analfabeta das letras, mas, portadora de grande sabedoria, soube conduzir os seus pequenos amores no caminho da retidão, dando, ela própria, os exemplos que marcariam para sempre o caráter deles.

A ela, nossa singela homenagem por meio dos versos de outra grande mulher, a poetisa goiana, Cora Coralina:

**Ofertas de Aninha (Aos moços)**

*Eu sou aquela mulher*

*a quem o tempo*

*muito ensinou.*

*Ensinou a amar a vida.*

*Não desistir da luta.*

---

[33] Francisco C, XAVIER, *Nos domínios da mediunidade*. Pelo Espírito André Luiz, cap. 30.

*Amigos para Sempre*

*Recomeçar na derrota.*
*Renunciar a palavras e pensamentos negativos.*
*Acreditar nos valores humanos.*
*Ser otimista.*

*Creio numa força imanente*
*que vai ligando a família humana*
*numa corrente luminosa*
*de fraternidade universal.*
*Creio na solidariedade humana.*
*Creio na superação dos erros*
*e angústias do presente.*

*Acredito nos moços.*
*Exalto sua confiança,*
*generosidade e idealismo.*
*Creio nos milagres da ciência*
*e na descoberta de uma profilaxia*
*futura dos erros e violências*
*do presente.*

*Aprendi que mais vale lutar*
*do que recolher dinheiro fácil.*
*Antes acreditar do que duvidar.*

*Pedro Leopoldo, 14-3-50*

*Meu caro Divaldo*

*Um grande abraço de união e f*

*Deus nos abençõe a todos*

## 07
## *Uma carta diferente*

*saudades, colhido no m  me*
*coração para o seu, ab*
*muito afetuosamente, o irmão*
*que não o esquece.*
*Chico*

*A verdade é que, dois anos depois, exatamente, eu fui convidado a um pesado testemunho. Por onde quer que eu haja passado, durante vários anos e até hoje ainda, a partir do dia 10 de junho de 1962 as provações me aguardavam: a ironia, a zombaria, o descrédito e tantas coisas que nos levam ao sofrimento chegavam e se avizinhavam rudes, todavia, não desanimei.*

Divaldo Pereira Franco – ***O Semeador de Estrelas.***

Essa epígrafe retirada da obra acima citada, quase passa despercebida ao leitor que desconheça o fato ao qual alude Divaldo. O capítulo intitulado "O máscara de ferro", presente nessa obra, fala da presença de um Espírito que o acompanhou, por cerca de 40 anos e que tentou, de todas as maneiras, embaraçar-lhe a marcha no Bem. Inclusive, em uma de suas idas a Uberaba, precisamente no dia 13 de janeiro de 1960, uma quarta-feira, sendo dia da reunião de desobsessão na Comunhão Espírita Cristã e, tendo permissão para dela participar, esse Espírito incorporou em Chico Xavier e dirigiu-se a Divaldo em tom ameaçador, prometendo-lhe a continuidade da perseguição, caso ele não renunciasse aos princípios espíritas e aderisse aos do Catolicismo.

Divaldo permaneceu fiel aos princípios abraçados e pôde comprovar o quanto lhe caberia sofrer, por amor ao Bem, à causa espírita e a Jesus.

Pouco tempo depois seria chamado a dar testemunho dos princípios que havia abraçado e que eram sagrados ao seu coração.

Uma carta resposta, escrita em 10 de junho de 1962, por Chico Xavier e endereçada a Joaquim Alves, carinhosamente chamado de Jô, evidenciava, por parte de Chico, preocupação e tristeza com o que a faculdade psicográfica de Divaldo começava a produzir ganhando caráter público.

Vejamos alguns trechos dessa carta (em itálico e negrito) que nos ajudam a elucidar o que se passava à época na cabeça e no coração do venerável apóstolo mineiro.

Ao que Chico escreve segue uma análise ou mesmo uma tentativa de entendimento, que nós procuramos apresentar, a partir do que conhecemos de Divaldo, dando a versão do médium baiano, que nunca se defendeu publicamente. E se assim procedeu, foi por acreditar que essa postura (a de se defender) na ocasião, em nada contribuiria para dirimir dúvidas, cismas e comentários desagradáveis, que surgiram a partir da citada carta.

Como de todo mal podemos sempre extrair o Bem, uma experiência relevante, uma lição construtiva e edificante, tentamos com nossos comentários, extrair, em termos doutrinários, o que seja possível para o nosso crescimento. Mesmo porque, se o passar do tempo infelizmente ainda não logrou fazer com que tal documento caia no esquecimento e deixe de ser publicado, embora, na mesma, Chico solicite que se não o faça, é possível que tudo isso ainda reserve para

Divaldo novas lições ou facetas de uma mesma lição que precisa ser assimilada, tanto para aqueles que insistem em divulgar esse triste libelo quanto para nós todos que, tentando nos manter íntegros em nossas atividades, sempre aprendemos com os exemplos luminosos de um e de outro, isto é, de Chico e de Divaldo.

Inicialmente, Chico externa seu carinho por Divaldo, carinho que já ficara patente nas inúmeras cartas enviadas ao médium baiano e presentes neste livro:

*E, ao abraçar você, nessa condição, quero que você saiba que, no pensamento, reúno igualmente nosso Divaldo, ao seu lado, como sendo meu filho também.*

Nada mais natural, afinal, à época, Divaldo tinha 35 anos e Chico 52, distância suficiente para que um pudesse ser filho do outro e não apenas o fator cronológico, mas, sobretudo, o dado fraternal que os aproximava desde a primeira missiva que puderam trocar. Genericamente falando, um pai pode ficar chateado com um filho e vice-versa, dependendo de qual problema se trate e mudarem de comportamento um com o outro, durante algum tempo, até que a situação se esclareça, novos dados surjam e um dos dois ou ambos revejam onde foi que se equivocaram, promovendo assim a reaproximação. Fica patente, nesse trecho, que Chico tinha Divaldo à conta de um filho querido, ao qual se deseja todo o bem e a quem só se oferece amor. Prossigamos...

*Em 1959, confirmando a estima que tenho por Divaldo, não vacilei em receber um prefácio para o primeiro livro mediúnico, que ele se propunha lançar, através da FEB. O prefácio veio da parte do nosso André Luiz, estimulando-o ao trabalho, naturalmente. De minha parte, agi tão confiante, que não cheguei a conhecer o texto, texto esse que não hesitava endossar com todo o meu coração.*

Considerando que o próprio Chico, tantas vezes, nos advertiu que *o telefone toca de lá para cá* e não o contrário, nós devemos concluir que quem desejou enviar um prefácio para o livro que Divaldo recebera mediunicamente foi o Espírito André Luiz e não Chico. Se ele desejou e o fez, sabia previamente do que tratava a obra e o quanto o seu conteúdo poderia agregar à literatura mediúnica espírita da época. Não dá para acreditar que um Espírito, que era porta-voz de outras Entidades Veneráveis e que já havia enviado boa parte da belíssima série de livros que revelam detalhes do Mundo Espiritual, desdobrando assuntos da Codificação Espírita, viesse pelo lápis do Chico endossar um trabalho insignificante, de caráter duvidoso, de plágio mesmo e de pouca serventia ao nosso movimento doutrinário. Seria, a meu ver, contrassenso. Como está excluída qualquer possibilidade de ruídos na captação da *mensagem – prefácio*, em se tratando de Chico e sua elevada sintonia, disciplina exemplar, zelo e cuidados extremos com sua mediunidade, devemos concluir que o Espírito André Luiz, sabedor das tarefas planejadas por Divaldo no mundo espiritual, veio dar a sua chancela amiga e doutrinária aos trabalhos psicográficos do médium iniciante. E se o fez, é porque viu seriedade naquilo que iria apor a sua respeitada assinatura. Por outro lado, André Luiz poderia querer escrever e Chico poderia se recusar, como, aliás, pode qualquer médium, levando-se em conta o seu livre--arbítrio, exatamente como Dona Yvonne A. Pereira procedeu com o *beletrista*[34], e como o próprio Chico se posicionou em relação ao Espírito Guerra Junqueiro[35]. Mas se aceitou, é porque sabia que o Espírito com quem trabalhava tinha conhecimento do que se tratava na obra, ainda que Chico desconhecesse o seu conteúdo. Portanto, André Luiz e Chico Xavier endossaram o livro *Além da Morte,* de autoria do Espírito Otília Gonçalves.

Não devemos nos esquecer de como estão comprovadas as diferentes mensagens que constam nesse livro, que, antes mesmo de André Luiz oferecer seu prefácio, Chico já recebera algumas mensagens endereçadas ao jovem Divaldo, mensagens de Emmanuel (1950, 1954, 1957 e outra sem data), Francisco de Assis (1950), Auca de Souza (1950, 1953 e 1954, além de outras), Amaral Ornelas (1957), José Petitinga (1950), que mesmo não prefaciando livro algum, vieram estimular o médium baiano no prosseguimento de suas atividades. Também dar ao Chico certeza cada vez maior de quem era aquele jovem missivista, que se fazia tão presente em Pedro Leopoldo, depois em Uberaba, sequioso de orientações e diretrizes para o seu trabalho.

Alguns poderão perguntar: Mas um jovem médium não pode se equivocar, transviar-se em caso de vaidade? Sim, é claro que pode, mas um médium, mais maduro e que se considere infalível, também poderá cometer seus equívocos. O que não considero seja o caso de Chico, mas se equivocar não é apanágio de médiuns, é possibilidade humana dada à nossa limitação e falibilidade e, nesse sentido, nem Chico nem Divaldo foram ou são infalíveis. Infalível, somente Jesus.

---

[34] Yvonne A. PEREIRA, *Devassando o invisível*, cap. VII.
[35] Romeu GRISI; Gerson SISITINI, *Inesquecível Chico*, p.103.

***Chegado o livro à FEB, sei que amigos da nossa mais alta instituição espírita do Brasil o aconselharam a desistir da publicação, até que a mediunidade dele produzisse algo mais original, de acordo com a elevada posição de orador espírita que ele desfrutava, com merecimento justificado, em nosso meio. Alegavam nossos amigos no Rio e isso com ele próprio, Divaldo, que o livro recebido por ele era profundamente semelhante aos livros de André Luiz. Para mim, isso vale como advertência grave que ele não poderia esquecer.***

E, de fato, Divaldo não esqueceu a advertência da FEB que criteriosamente analisou o livro e o devolveu, sem, contudo, fazer objeções ao conteúdo doutrinário. Segundo o que narra Luciano dos Anjos, que se encontrava na FEB, nesse período, o presidente Wantuil de Freitas teria pedido a Divaldo que aguardasse um pouco mais, pois que a obra de fato guardava certa similitude com *Nosso Lar*. Além disso, segundo o mesmo Luciano, depois do aparecimento de *Nosso Lar*, vários outros livros similares começaram a ser enviados à FEB. Daí o cuidado com novas publicações do gênero. Divaldo não ignorou tais recomendações, recebeu-as com humildade, mesmo porque antes mesmo desse fato, desde o ano de 1949, começara a receber mensagens do Espírito Rabindranath Tagore, poeta indiano, e só veio a publicar um livro do referido Espírito em 1965, com o título de *Filigranas de Luz*. Contou com a opinião do culto professor Carlos Torres Pastorino que, para sua surpresa, conhecia os versos do poeta no original inglês, no original indiano e nas traduções de Guilherme de Almeida, afirmando, inclusive, que o Tagore das psicografias não era o traduzido e adaptado, mas o original.

Divaldo narrou a Suely Caldas Schubert que, em 28 de janeiro de 1958, estando com Chico Xavier e recebendo dele o convite para irem à cidade de Matozinhos, a fim de participarem do Culto Evangélico em casa da Senhora Hermelita Horta, aquiesceu. Nessa oportunidade, Chico psicografou uma mensagem do mesmo Espírito Rabindranath Tagore, intitulada: *Louvor*. Com carinho, lha entregou, dizendo ser o prefácio para o livro que ele trazia guardado (era o livro *Filigranas de Luz*). Tudo isso sem que Divaldo tivesse dito uma só palavra e nem mesmo solicitado nenhum prefácio.

O fato é que o tal prefácio somente seria utilizado quase trinta anos depois no livro *Estesia* (1987), por Divaldo entender, no ano de lançamento do livro *Filigranas de Luz* (1966), que não seria conveniente, face aos comentários que já circulavam em torno da sua produção mediúnica.

Se houvesse pressa, busca de fama e projeção, ausência de critérios ou imaturidade, o livro não demoraria na gaveta tantos anos e se tão somente a chancela mediúnica do Chico fosse o bastante, o livro teria saído rapidamente. Mas era necessário aguardar, assim como mais tarde ficamos sabendo dos 25 anos que Yvonne do Amaral Pereira aguardou para lançar *Memórias de um suicida,* justamente por entender que precisava lapidar um pouco mais a obra, contando com o indispensável auxílio do Espírito Léon Denis, que lhe deu a base filosófico--doutrinária de que carecia.

Quanto à posição da FEB, a mesma Dona Yvonne narra que, levando o citado livro para análise, foi recebida por Manuel Quintão. Segundo ela, ele literalmente lhe pôs para correr dizendo: *Não, não. Aqui só entra livro de Chico Xavier, de mais ninguém. Eu tenho mais de duzentos livros para examinar.*[36]

---

[36] Yvonne A. PEREIRA, *À luz do Consolador*, in "Dados biográficos de Yvonne A. Pereira para a Federação Espírita Brasileira", item 11.

*Então eu agradeço ao Manuel Quintão, porque se ele pegasse o **Memórias** na época em que eu o levei, ele seria rejeitado, porque não estava terminado.* [37]

Dona Yvonne ainda narra que começou a receber o livro antes mesmo da recepção de *Nosso Lar* por Chico, isto é, no ano de 1926, mas *Memórias de um Suicida* somente veio a ser publicado muito tempo depois (1956). Cita também a bela narrativa de Emanuel Swedenborg em seu livro *O mundo dos espíritos: segundo o que lá foi visto e ouvido*. Que, embora completamente distinta dessa obra ímpar que é *Nosso Lar*, vem também descrever aspectos da vida espiritual. Não devemos igualmente perder de vista os livros *A vida além do Véu*, do Reverendo George Vale Owen e *No país das Sombras*, de Elisabeth D'Espérance.

Essa cronologia não tem o propósito de denegrir *Nosso Lar*, que é um primor de narrativa sob todos os aspectos, um verdadeiro marco na literatura espírita, obra não apenas para ser lida e relida, porém, permanentemente estudada, mas, para verificarmos a universalidade e a progressividade dos ensinos,[38] proclamada como critério básico e fundamental, estabelecido por Allan Kardec e pelos Espíritos Superiores na análise de qualquer informação oriunda de encarnados ou desencarnados. E, nesse sentido, a obra ditada pelo Espírito Otília Gonçalves, e certificada por André Luiz e Chico, cumpre esse critério, sendo igualmente mais uma obra a narrar aspectos da vida no Além.

É fundamental destacar que no dia 30 de maio de 1958 Divaldo consultou a Espiritualidade, por meio de Chico, no período em que psicografava o livro e recebeu o seguinte recado do Espírito Emmanuel:

---
[37] Yvonne A. PEREIRA, *Pelos caminhos da mediunidade serena*, p.100.
[38] Allan KARDEC, *O evangelho segundo o espiritismo*, "Introdução", item II.

*Meu filho, Jesus nos abençoe. Nossa irmã Otília vem fazendo quanto possível por transmitir as suas impressões da Vida Espiritual por seu intermédio. Ajude-a com a sua receptividade construtiva. Depois do conjunto mais extenso de páginas, completar-se-á, então, o texto de que se formará edificante trabalho de educação e consolo, esclarecimento e esperança, com vistas à sementeira de luz em nosso campo doutrinário. Que o Senhor nos ampare sempre.*[39]

Além disso, não devemos esquecer que se a FEB se posicionou assim, o Espírito André Luiz, autor do referido *Nosso Lar*, à semelhança de Emmanuel, trouxe a Divaldo não apenas o incentivo para prosseguimento com a obra, trouxe o seu próprio prefácio, afiançando tratar-se de uma obra que continha *mais um brado de renovação e esperança concitando-nos ao aproveitamento das horas.*

O Espírito Otília Gonçalves teve também o cuidado de registrar, na narrativa, um importante trecho alusivo às obras de André Luiz, o que a meu ver, deixa claro a sua boa fé como Espírito comunicante, estimulando os futuros leitores da obra a recorrerem àquela fonte primária, da qual ela se servira quando encarnada. Vejamos o que diz a nossa companheira:

*Embora informada pela Doutrina Espírita de que a vida continuava, esclarecida pela Obra de André Luiz, a que me afeiçoara quando encarnada, esbarrei, assim mesmo, com surpresas e inquietações, à semelhança de turista confuso que, em visita à grande*

---
[39] Luciano dos ANJOS, *A anti-história das mensagens co-piadas*, in "A anti--história".

*cidade, embora conduza no bolso o livro-guia, procura insistentemente e desarvoradamente endereços que não sabe onde se encontram...*[40]

O critério da FEB sempre se mostrou rigoroso e, é claro, nunca publicou somente o que Chico Xavier pôde receber, publicou e publica outros inúmeros autores. E tanto isso é verdade que o próprio Chico enviou, certa feita, uma mensagem para lá, ditada pelo Espírito Nilo Peçanha, na qual ele analisava a conjuntura política do país. O presidente da FEB, à época, Guillon Ribeiro, o aconselhou a não colocar a sua faculdade mediúnica a serviço de assuntos daquele gênero, dizendo que na página não havia nada de construtivo. Segundo os biógrafos, que registraram sua narrativa[41], Chico ficou aborrecido, mas aceitou a crítica do amigo, retirando do fato tudo o que pôde para o seu crescimento.

Quando Chico enviou as primeiras comunicações do Espírito Hilário Silva, que também foi médico em sua última reencarnação, e que aparece em três obras do Espírito André Luiz (*Entre a Terra e o céu, Ação e Reação e Nos domínios da mediunidade*), para análise do então presidente da FEB, Wantuil de Freitas, esse achou os contos muito fracos, merecendo de Chico uma resposta de que aguardaria, então, o envio de novos contos de modo a substituírem os mais fracos.[42]

Temos de considerar que a inspiração não é exclusividade de ninguém, tanto quanto a própria psicografia e que, se formos eleger uma única fonte como confiável, nós

---

[40] Divaldo Pereira FRANCO, *Além da morte*. Pelo Espírito Otília Gonçalves, in "Esclarecimentos Oportunos".
[41] Romeu GRISI; Gerson SISITINI, *Inesquecível Chico*, p.102.
[42] Suely Caldas SCHUBERT, *Testemunhos de Chico Xavier*, in "Surge Hilário Silva" (04.03.1960).

ficaremos apenas com o que Chico, Divaldo e Yvonne Pereira hajam recebido e passaremos a considerar perfumaria tudo o mais... O que, a meu ver, seria novamente um contrassenso, por mais que a obra de Chico seja paradigmática e nos ofereça material de estudo e pesquisa para vários anos, séculos, isso não descredencia os demais médiuns e o que suas respectivas faculdades possam produzir. Não creio, sinceramente, que Chico Xavier, em toda a sua sabedoria e coerência, pensasse assim. Quando possível, expressava seu desejo de ver novos médiuns surgindo e trabalhando de maneira responsável e doutrinária. Agora, seja qual for a mensagem, ela deve ser examinada e atender ao critério da universalidade dos ensinos, ao critério da razão, não se seguindo que, mesmo tendo coerência, necessariamente tenha de ser publicada.

*De minha parte, ainda na última vez em que com ele estive, na Comunhão Espírita Cristã, em conversa íntima, aconselhei-o a concentrar-se sem qualquer pensamento preconcebido, sem leituras anteriores de livros determinados, sem propósito de produzir mediunicamente em tema predileto e sem criar qualquer clima condicionado por ele, mentalmente, o que seria sempre uma dificuldade por ele oposta à manifestação espontânea dos Amigos Espirituais.*

*Disse tudo isso com a gentileza natural que devemos uns aos outros, tentando ajudá-lo sem ferir, atento ao esforço que todos lhe devemos na divulgação da Doutrina Espírita.*

*Entre amigos, uma observação carinhosa dessa natureza vale por um aviso salutar.*

*Assim procedi, por notar, há muito tempo, que diversas mensagens recebidas por mim (desculpe você, querido Jô, este 'mim' tão gritante, mas a explicação minha a você é pessoal e devo assumir plena responsabilidade do que estou dizendo) vinham na Imprensa Espírita, desfiguradas ou, às vezes, quase que plenamente copiadas, como tendo sido recebidas por ele, algumas até mesmo antedatadas, quando em confronto com as páginas psicografadas por mim, embora os trabalhos sob minha responsabilidade viessem a lume antes dos apresentados por ele.*

*Desde 1959, aguardo que se levante um dos companheiros representativos do Movimento Espírita a fim de tratar do grave problema.*

Allan Kardec afirma na citada introdução de O Evangelho Segundo o Espiritismo, ter recebido comunicações de quase mil centros espíritas sérios. Obviamente, não eram centros espíritas quais os que conhecemos hoje em dia, mas *centros de práticas mediúnicas,* em locais geograficamente distintos, em que ocorriam fenômenos mediúnicos sem qualquer diretriz espírita, mesmo porque não havia o Espiritismo, havia a mediunidade, embora essa pudesse até ser exercida com certa dignidade, zelo e disciplina.

Disse ainda o Codificador:

> *A única garantia séria do ensinamento dos Espíritos está na concordância que existe entre as revelações feitas espontaneamente, por intermédio de um grande número de médiuns estranhos uns aos outros, em diversos lugares. Não é pela opinião de um homem que os outros se congraçarão, mas pela voz unânime*

*dos Espíritos. Não será um homem, muito menos nós ou qualquer outro, que fundará a ortodoxia espírita.*[43]

Com que objetivo o rapaz com 32 anos em 1959 e 35 anos em 1962 tentaria plagiar?

Será que o que ele ganharia em caso de fraude não teria o efeito de uma bolha de sabão que logo se dissipa, perdendo a beleza multicor que a reveste?

A fraude descoberta de uma ou mais mensagens não acabaria de vez com a credibilidade que gradativamente conquistava como orador no seio do Movimento Espírita?

Que testemunho de aceitação dos princípios espíritas ele estaria dando?

Mas alguém poderá argumentar: não estaria Divaldo sob o império de uma obsessão?

Qualquer um de nós está sujeito a ela, como bem demonstra o Codificador no capítulo XXIII de *O Livro dos Médiuns*, mas a produção mediúnica dele à época, as mensagens de estímulo dos Benfeitores Espirituais, sua conduta evangélico-doutrinária, a fundação do *Centro Espírita Caminho da Redenção* em 1947, a *Mansão do Caminho* em 1952, além de tudo o que via, ouvia e aprendia com Chico descarta tal possibilidade.

Quando o Espírito Joanna de Ângelis lhe revelou quem era, tempos mais tarde e não quando a insistente curiosidade de Divaldo tentava descobrir, inclusive, indagando a Chico, em 1949, quando se hospedou em sua casa, esse, sabiamente, lhe disse ter visto o Espírito que o acompanhava, mas que não

---

[43] Allan KARDEC, *O evangelho segundo o espiritismo* in "Introdução".

sabia de quem se tratava, ela justifica que não fizera isso antes, isto é, que não lhe dera tais informações pela seguinte razão:

> *Tu eras muito imaturo. E a primeira lição de sabedoria que eu te queria dar, era a da paciência. Quem pretende seguir a Jesus deve aprender com o tempo e disciplinar a vontade. A mediunidade é um ministério de autocontrole, de disciplina e de serviço. Se eu te anunciasse, por ocasião do teu começo, a respeito de nossas vinculações e te dissesse quem eu era, na tua ingenuidade e no teu entusiasmo baratearias muito estas informações. Ademais* – prosseguiu Joanna – *eu não confiava em ti, pois não tinhas essa maturidade que os anos oferecem e que o sofrimento imprime na personalidade.* [44]

É possível encontrar pessoas que, nessa idade, ainda sejam ingênuas, dependendo do contexto em que vivam e do histórico que lhes assinale a marcha no solo do Planeta, mas no caso em tela, acreditar que o homem Divaldo tenha tentado promover-se, projetar-se a partir da figura de Chico Xavier, vai uma distância enorme e um equívoco de grandes proporções.

Não dá para acreditar que Chico tivesse esse tipo de preocupação, principalmente sabendo em detalhes quem era o Espírito e o espírita Divaldo Pereira Franco, além dos Espíritos que o rodeavam. Não que Chico tivesse de saber tudo, mas sabia muita coisa, tanto pela sua estatura espiritual quanto pelo que sempre aprendeu com os Espíritos Amigos que o apoiaram na nobre missão que veio realizar.

---

[44] Suely Caldas SCHUBERT, *O semeador de estrelas*, cap. 3.

Esse tipo de afirmativa é incompatível com a mediunidade e o grande coração de que era e continua a ser portador o nosso Chico. E não quero aqui endeusá-lo, nem conferir a ele a infalibilidade que nunca procurou dada a sua consciência pessoal de quem era e do que lhe cabia realizar. E como realizou!

No episódio relatado no livro de J. Herculano Pires, *Na hora do testemunho*, em uma das cartas que Chico enviou ao filósofo paulista, assim se pronunciou:

> *Sua palavra amiga e correta de sempre, convidando-me a pensar mais detidamente em meus compromissos e encargos mediúnicos, é uma atitude abençoada e nobre. Não posso, mas não posso mesmo, me considerar um médium com qualidades especiais. Preciso e preciso muito do amparo de todos os companheiros de nossa Causa, principalmente no que se refere aos assuntos de orientação doutrinária, para que as minhas fraquezas de criatura não se imiscuam nas manifestações de bondade dos Benfeitores Espirituais, trazendo complicações à nossa Seara de Luz e Amor, com as minhas falhas de comportamento. Creio que estas falhas são devidas mais à minha própria ignorância do que ao intuito de cultivá-las, mas quem sabe, caro amigo? Na mediunidade, mesmo naquelas exercidas por longo tempo, o médium pode ser acometido por acessos de invigilância, de vaidade, de orgulho, de intromissão na Obra dos Bons Espíritos e criar muitas faixas de sombras. Médium falível e até mais falível do que os outros de minha singela condição, se estou bem, isto se deve à presença dos Benfeitores Espirituais*

*em meus passos e, se estou mal, o que acontece muitas vezes, é que estou em mim mesmo e por mim mesmo. Nessa luta prossigo e, por isso mesmo, necessito do apoio de todos os amigos que amam a nossa Doutrina Renovadora.* [45]

De acordo com Emmanuel, por intermédio do próprio Chico, Herculano Pires foi o *metro que melhor mediu Kardec*. E esse *metro* lhe escreveu, foi até ele, com o devido respeito, a fim de alertá-lo, externando seu ponto de vista acerca da questão de uma nova tradução de *O Evangelho Segundo o Espiritismo*, questionando a posição assumida por Chico. Herculano não se distanciou, não crucificou, agiu como um amigo que procura ser fiel ao outro. Era de se esperar que o mesmo procedimento ocorresse, tempos antes, com Divaldo, da parte de todos os corações que viam nele um irmão e trabalhador espírita necessitado de avisos, advertências fraternas, orientação amiga, mesmo ao se constatar seus possíveis equívocos, caso esses de fato estivessem ocorrendo.

Quem o procurou para alertá-lo?

Quem tentou promover um encontro dele com Chico e quem lançou mais lenha na fogueira?

Quem *excomungou* um a fim de exaltar o outro?

Quantos se posicionaram a favor da amizade que os unia e quantos, desejando demonstrar fidelidade a um, se posicionaram contra o outro?

Ninguém deseja que a estima confiada a Chico tivesse sido transferida a Divaldo. É natural que gostemos mais de um

---
[45] Herculano, PIRES, *Na hora do testemunho*, p. 69.

do que do outro, são as afinidades espirituais, a sintonia mais fina com um perfil do que com o outro, mas onde está escrito que se amando uma pessoa se deva odiar ou ter aversão à outra, apenas porque esta realize uma tarefa semelhante?

Será fraterno, cristão e espírita separar corações que se amam e semear entre eles a desconfiança, a inveja, o cisma, a competição?

E isso não vale apenas para Chico e Divaldo, duas fascinantes personagens da História do Espiritismo que o tempo não apagará, mas para nossos pequenos e grandes grupos doutrinários, para o nosso Movimento de Unificação Regional, Nacional e Internacional.

Quem lucra com isso?

Certamente que as trevas que jazem em nossas almas e os nossos irmãos desencarnados, desejosos em ver, literalmente, *o circo pegar fogo,* promovendo novos divisionismos e vendo-os irromperem sorrateiros, além daqueles que, infelizmente, já existem.

O jovem Divaldo foi alijado da convivência de um coração que sempre admirou, respeitou e amou. O companheiro, que era a sua referência maior, em termos de vivência espírita e que não deve ser copiada, mas entendida, sentida, pois seguir mesmo nós temos de seguir a Jesus. E Jesus sempre foi a diretriz maior de Chico e igualmente de Divaldo.

E essa infalibilidade nem Allan Kardec a arrostou para si, nem seus biógrafos mais lúcidos atribuíram a ele. É exatamente assim que procedem Zêus Wantuil e Francisco Thiesen,[46] quando afirmam no volume II da obra publicada a respeito do Codificador:

---

[46] Zêus WANTUIL; Francisco THIESEN, *Allan Kardec*, v. II, Introdução, cap. IV, item II.

> *Com serenidade reconhecemos que no Movimento Espírita hodierno, no País e além fronteiras, não faltam os afoitos a afirmar que a obra Kardequiana está ultrapassada, tanto quanto sobram os não menos temerários que pretendem conferir à figura do Codificador o dom da infalibilidade, nas questões em geral – não apenas nas que se vinculam a Fé, propriamente dita –, levando os adeptos ao absurdo de admitir na pessoa de Allan Kardec uma dupla condição falsa de criatura imune ao erro e às imperfeições dos seres terrenos, relativos, condição que ele por várias vezes verberou, francamente, quando na vida física. Os exageros são perniciosos. As posições extremadas e as radicalizações conduzem às maiores imprudências.*

Quem também se posiciona com extrema lucidez com relação a essa questão de médiuns infalíveis em nosso movimento é Suely Caldas Schubert, quando se referindo a Chico afirma:[47]

> *Chico Xavier não era um mineirinho do interior, ingênuo e desprevenido, desavisado; era sim, e é, uma pessoa pura de intenções, pura nos seus ideais e na sua fé. Dentro dessa pureza, dessa integridade moral, admitir-se que ele tivesse, em algum momento, feito concessões a quem quer que seja, em detrimento da fidelidade a Jesus, da fidelidade doutrinária e da*

---
[47] Suely Caldas SCHUBERT, *Testemunhos de Chico Xavier*, cap. Trecho de Roustaing em "Brasil".

> coerência consigo mesmo, é um absurdo que expressa, da parte de quem faz tal tipo de acusação, o total desconhecimento desse autêntico missionário que é Chico Xavier. Não se está fazendo apologia a pretensa infalibilidade de Chico Xavier, pois infalível ele não o é, mas ressaltando que os valores éticos, morais e espirituais que o identificam como verdadeiro apóstolo do Bem respondem pela sua integridade moral [...].

Ainda no livro entre a parceria de Herculano Pires e Chico Xavier, encontramos importante declaração de Chico em uma das cartas dirigidas ao escritor paulista:[48]

> O seu belo estudo "Chico Xavier, o homem, o médium e o mito" muito me alegrou e enterneceu. Muito reconhecido ao carinho e à sinceridade de que as suas considerações estão impregnadas. A condição humana é uma bênção, mas a mitologia é dura de enfrentar. Efetivamente, eu ficaria muito envergonhado se fosse um médium diferente dos outros, sem provações e sem erros a marcarem o meu caminho de espírito em resgate.

A respeito da falibilidade mediúnica e humana, o Espírito Vianna de Carvalho também escreveu:

> Nenhum médium é, em conseqüência, perfeito e irretocável, isento da influenciação dos maus Espíritos como dos perturbadores, que povoam a erraticidade

---
[48] Herculano PIRES; Francisco C. XAVIER, *Na hora do testemunho*, p.72.

> e lhes constituem provas ao orgulho e à vaidade, demonstrando a fragilidade humana, que é inerente à qualidade do ser falível em processo de evolução na Terra. [49]

Cabe ressaltar que, após o corte adequado, muitas plantas ganham força nova; flores mais vivas e delicadas nascem; frutos tornam-se mais saborosos, contribuindo para a renovação do vegetal e a manutenção da vida que nele circula.

Esse evento trouxe lições para o jovem Divaldo, fê-lo perceber o que, sem tal acontecimento, dificilmente perceberia ou levaria tempo para aprender. Ajudou a ver aspectos e a tirar lições importantes para o seu crescimento.

*O caso, agora, é diferente. Esses mesmos espíritos inferiores se utilizam do nosso caro Divaldo e atacam o nosso Movimento Espírita pela retaguarda. No caso do meu pobre sobrinho [...] o problema era claro. Hoje, temos um labirinto, porque os golpes chegam de trás.*

*O assunto é sutil. Tudo parece tão leve, tão superficial. Mas se os espíritas permitem que entidades menos dignas se apossem de um companheiro respeitável para adaptar, copiar, desfigurar e enxertar as páginas de nossos Instrutores Espirituais acumuladas num esforço paciente e também respeitável de mais de trinta anos de serviço, daqui a outros trinta anos, os nossos netos e continuadores abraçarão problemas e perplexidades tendentes a desacreditar a mediunidade, de vez que, com o tempo, ninguém mais*

---

[49] Divaldo Pereira FRANCO, *Médiuns e mediunidades*. Pelo Espírito Vianna de Carvalho, cap. 10.

*saberá quem copiou e mistificou, no assunto, se Chico Xavier ou Divaldo Franco.*

Chico nunca plagiou, copiou nem desfigurou nada em nosso movimento doutrinário. Sua presença sempre foi e continuará a ser a de um apóstolo do Bem, da Verdade e da Caridade. Seus exemplos ficarão para sempre em nossa memória e sua obra psicográfica será uma referência para muito tempo adiante de nós, aliás, nós iremos e ela permanecerá. Da mesma forma, Divaldo nunca se utilizou desse expediente, nunca fraudou ou tentou fraudar mensagens ou livros de ninguém, embora carregasse certa ingenuidade. Era aquela que todos os que ainda jovens possuímos e que o próprio Chico também teve um dia. Ser ingênuo é uma coisa, maldoso é outra completamente diferente. Seria mesmo inadmissível que Francisco de Assis, Emmanuel e Auta de Souza viessem a estimular um homem, sabendo previamente de suas intenções de plágio e autopromoção.

Os documentos *Para onde vamos, Espíritas?* e *Estudo das mensagens copiadas*, foram analisados pelo espírita e jornalista Luciano dos Anjos, com profundidade e lucidez, mostrando o quanto os mesmos carecem de fundamentação e verdade.[50]

Estes documentos, que foram escritos também em 1962, no intuito de contestar certas mensagens psicografadas por Divaldo, destacaram o suposto plágio que nunca ocorreu. A comparação dos estilos, conteúdos e estrutura das mesmas somente atestam a universalidade dos ensinos e nada mais.

Chico cita o caso do sobrinho, que lhe trouxera momentaneamente grandes embaraços e afirma que a situação

---
[50] Luciano dos ANJOS, *A anti-história das mensagens co-piadas*, in "Análise".

naquele momento era outra, no que concordo, afinal, Divaldo sempre foi espírita, sempre se dedicou ao Bem, nunca mercadejou com sua mediunidade, da mesma forma que Chico sempre teve comportamento irretocável nesse aspecto. Sua preocupação é válida com relação ao futuro do Movimento Espírita, com a possibilidade de um escândalo de grandes proporções e com a naturalização de uma prática abominável, que felizmente nunca foi utilizada por Divaldo que, tendo acumulado centenas de mensagens recebidas dos Espíritos, ao longo do seu exercício psicográfico de anos, rasgou-as oportunamente e ainda relativamente jovem, a conselho de Joanna de Ângelis, pois as mesmas não passavam de um treino para as suas faculdades, sem, contudo, representarem contribuição substancial à literatura espírita.

Será essa uma postura de quem deseja projeção? De quem aspira por admiração? Por quem deseja ser guia de alguma coisa ou de alguém?

Divaldo não teve apego, não teve pressa, teve paciência e soube aguardar que o tempo lhe trouxesse aquilo que ainda jovem não possuía, a experiência e o conhecimento doutrinário, embora já tivesse um bom-senso expressivo.

O estilo de Emmanuel e de Joanna de Ângelis, Manoel Philomeno de Miranda e André Luiz, Marco Prisco são distintos, mas vemos os mesmos Espíritos nos propósitos de esclarecer, informar, levar à reflexão, consolar. São Espíritos escritores e trabalhadores da Espiritualidade.

Há quem prefira ler Emmanuel e não Joanna; há quem goste do estilo e dos conteúdos trazidos pelo Espírito Amélia Rodrigues, mas talvez não goste do estilo de algum Espírito que se tenha comunicado pelo Chico. Nem por isso o Movimento Espírita deixa de caminhar, o Bem não se anula se preferimos um estilo a outro, um Espírito a outro, desde que permaneçamos atentos ao critério da universalidade, de modo a não sermos vítimas de embuste. Também sem perder de vista que o sentido progressivo do Espiritismo sempre nos facultará a chegada de novas informações, que serão consolidadas por diferentes fontes, da mesma maneira como ocorreu no período da Codificação Espírita, guardadas as devidas proporções.

Muito nobre a preocupação de Chico, que demonstra sua antevisão, mas dispensável em se tratando de alguém que o tempo somente demonstrou ser um coração disposto a amar e a servir, colocando suas melhores energias mediúnicas e anímicas a serviço do Bem.

Alguém que o próprio Chico aprendeu a amar e a querer bem, como vimos nas cartas pessoais, nas mensagens de estímulo da Espiritualidade Amiga e também veremos, mais adiante, na entrega do título de cidadão uberabense a Divaldo.

E vale dizer que tanto "pela frente como por trás", Divaldo é o mesmo. Assim como Chico, ele é um amigo da multidão sequiosa de consolo, que sempre se acotovelou para ouvi-lo. E, com o inesquecível amigo mineiro, Divaldo nunca deixou de aprender, nunca deixou de amá-lo, nunca deixou de considerá-lo uma alma muito cara ao seu coração. E creio, piamente, que no coração de Chico Divaldo sempre ocupou um lugar especial, ainda que as palavras aqui retratadas digam, em algum momento, o contrário.

*Devo tratar nosso Divaldo, como se fosse uma criança irresponsável, quando tributo a ele respeitoso apreço e grande afeto, há mais de dez anos, vendo-o viajar na condição de um pregador consciente das verdades espíritas, do Amazonas ao Rio Grande do Sul, assumindo, por isso, indiscutível responsabilidade para com milhares de pessoas, talvez milhões?*

*Devo tratá-lo à feição de um companheiro necessitado de consciência, quando o problema é interesse de uma Causa inteira, criado levianamente por ele próprio, e no qual compareço à maneira de um réu em julgamento público, sem ter saído de minha casa e sem ter abandonado os meus deveres, na consciência tranquila?*

*Não será mais justo e recomendável entregá-lo à assistência de que se encontra realmente necessitado, invocando o amparo dos Mensageiros de Jesus que suplico para mim mesmo e esperando o juízo sereno dos espíritas responsáveis pela orientação do nosso movimento, a fim de que ele seja aconselhado e dirigido, como devo, de minha parte, estar igualmente pronto a receber os avisos e instruções dos companheiros na fé e no trabalho a fim de que eu não me transforme em instrumento de perturbação para os nossos serviços?*

Chico estava correto, pois Divaldo não era criança, pessoa sem consciência e nem tão pouco alguém leviano, portanto, o mais correto nesse caso de distanciamento entre ambos, o que de fato ocorreu, foi o que Chico propôs na missiva, ou seja, solicitar a inspiração de Jesus para que os espíritas da época pudessem de maneira serena analisar a questão.

Lamentavelmente, faltou essa serenidade aos elaboradores dos dois documentos que, em hipótese alguma, analisaram com bom-senso o que a faculdade psicográfica de Divaldo registrara até então.

Houve precipitação, ausência de fraternidade em nome da *pureza doutrinária,* que deixa de existir quando se esvazia o sentimento de fraternidade. Nesse fato existiu qualquer coisa, menos preservação da chamada *pureza doutrinária.* Na verdade, tentando destacar a *pureza* se revelou a *impureza* de quem elaborou esses estranhos documentos.

Ninguém deve abstrair ou negar sua faculdade de pensar, cotejar, ser crítico. Em momento algum se solicita que o espírita abra mão de tais possibilidades, mas que, fazendo uso de seus direitos e faculdades, tenha cuidado para não sentenciar sem dar o direito de defesa, sem buscar provas, sem analisar o caráter de quem se julga e se considera em flagrante delito.

E se Divaldo, à época, não se defendeu em alto e bom som, foi no intuito de não propagar uma inverdade e se, particularmente, o faço agora, é porque mais uma vez, estando esse homem com mais de oitenta anos, depois de toda uma folha exemplar de serviços prestados ao Movimento Espírita Nacional e Internacional, e a milhares de crianças que passaram e ainda passam pela *Mansão do Caminho,* vozes desavisadas e corações invigilantes, novamente, retornam com essa nota triste de uma questão sabidamente superada pelo tempo e pelo amor fraterno que sempre uniu Chico e Divaldo.

Chico desejava orientação e esclarecimento para Divaldo, conforme o seu texto claramente deixa transparecer. Mas, quem usou de benevolência e de empatia com o jovem pregador que, embasando suas palavras em ações, já se encontrava às voltas com o trabalho do *Centro Espírita Caminho da Redenção e da Mansão do Caminho*?

Não quero, contudo, colocar Divaldo no lugar de vítima, nem ter pena dele. Não é esse o sentimento que, ao longo dos anos, despertou nas pessoas que tiveram o prazer de conhecê-lo e viver ao seu lado, mas contribuir para que, refletindo acerca desse fato passado, possamos nos vacinar contra novos eventos do gênero no futuro, evitando a invigilância do julgamento precipitado com qualquer companheiro de ideal espírita, seja ele conhecido ou anônimo.

*Diz o nosso caro Divaldo que me ama, eu tenho dado provas de imenso apreço afetivo a ele, entretanto por que motivo não me respeita o nosso amigo como respeito a ele? Por que razão esse propósito deliberado de arrasar com as mensagens dos nossos Benfeitores Espirituais, recebidas por meu intermédio, desfigurando-as, descaracterizando-as, ferindo-as, transfigurando-as? Não posso inocentá-lo, porque isso acontece há muito tempo e ele possui bastante autocrítica para reconhecer que as entidades que se valem dele para isso estão entrando numa atitude francamente abusiva por desrespeitosa ao Espiritismo e à Mediunidade, ao ponto de sacerdotes católico-romanos já estarem se manifestando pela imprensa, indagando se sou eu ou ele o mistificador.*

*Soube que o nosso Divaldo tem dito, aonde vai, que está sofrendo em demasia, sentindo-se por vezes desejoso de renunciar à tarefa, o que seria lamentável, por encontrarmos nele um orador digno e um arauto digno de nosso movimento espírita, o que realmente me comove e me confrange, mas devo tratar somente com as minhas emoções um problema em que milhões de pessoas amanhã procurarão a verdade?*

*[...] não desejo receber a visita pessoal do nosso Divaldo presentemente, conquanto não tenha de minha parte qualquer mágoa e esteja em prece pela felicidade e*

*saúde, fortalecimento e tranqüilidade dele. Acontece que, se nos encontrarmos agora, estaria na posição estranha de quem nada pode dizer. Se vier a censurá-lo, seria crueldade de minha parte, porque devo acreditar que ele está sendo instrumento da perturbação sem perceber. E, por outro lado, se vier a tratá-lo com ternura, dou a impressão errônea de que estou aprovando a leviandade em andamento. [...] Se ele, porém, recorrer a você para saber o que penso das ocorrências em curso, autorizo seu carinho a mostrar-lhe esta carta na qual exponho todos os meus sentimentos e pensamentos, no assunto [...].*

Divaldo nunca quis nem nunca fez absolutamente nada para *arrasar* mensagem alguma recebida por Chico ou por qualquer outro médium. Sua postura, aliás, sempre foi a de quem procurou e ainda procura aprender com o que a mediunidade alheia produz. Tanto é verdade que, inúmeras vezes, de forma inspirada, ele tem mencionado em suas palestras obras mediúnicas, provenientes de outros medianeiros, citando também obras escritas por encarnados.

Chico faz tal afirmativa, provavelmente, influenciado por tais documentos e por *amigos* muito próximos, o que de forma alguma desmerece sua integridade e caráter, mas apenas o insere em uma posição humana de quem tanto influenciou, como se viu também, em certos momentos, sujeito a influências. E isso não desmerece, em hipótese alguma, nem a sua obra mediúnica, nem sua obra maior, que são seus exemplos luminosos para sempre guardados em nossos corações, como estímulos preciosos em busca de Jesus. E se errou nesse episódio, tudo indica que foi tentando acertar, preservar o Movimento Espírita e, felizmente, o tempo se encarregou de lhe mostrar que, em relação a Divaldo, houve um equívoco. E tão puro era seu coração que contornou esta falha retomando a convivência com o irmão de ideal, recebendo, mais tarde, prefácios para novas obras mediúnicas registradas pela psicografia do médium baiano e dando testemunhos públicos de um apreço que nunca deixou de ter, embora não desejasse, por um tempo, se encontrar com Divaldo. O que mostra também sua autenticidade, a completa ausência de hipocrisia, pois, naquele momento, não se sentia à vontade para fazê-lo, ainda mais depois de externar o que pensava.

Apresentar uma falha de Chico significa afirmar que Divaldo nunca tenha se equivocado? De forma alguma. Igualmente humano e sujeito a falhas, as cometeu ao longo da vida, procurando aprender com elas até para não repeti-las.

Os discípulos de Jesus também cometeram falhas, mas nem por isso deixaram de imprimir, na História do Cristianismo Primitivo, as marcas indeléveis da dedicação, da fraternidade, do sacrifício pessoal e do amor.

Uma falha de Chico não tem o poder de apagar sua inestimável contribuição para o reinado do Bem e do Amor na face na Terra, nem tão pouco desviar a atenção das merecidas homenagens e tributos de carinho que lhe são prestados com justiça, por espíritas e não espíritas.

Também não é produto de inveja ou projeção de sombra psicológica.

Não me move o propósito de exaltar uma figura em detrimento da outra e, mesmo que fosse essa a minha intenção, além de infeliz e insignificante, jamais teria o poder de abalar a memória de uma criatura da qual me encontro imensamente distanciado em termos de progresso espiritual. Por isso mesmo, devo seguir aprendendo com sua vida exemplar.

Quanto ao sofrimento experimentado, de fato não foi pequeno e durou tempo considerável, até que Divaldo pudesse superar todos esses acontecimentos. Seguiu trabalhando, não parou para acusar, nem se defender. As mensagens recebidas por sua faculdade psicográfica deixaram de ser publicadas durante certo período na Revista *Reformador* e isso, segundo Luciano dos Anjos, lhe foi antecipadamente comunicado pelo presidente da FEB, à época, Wantuil de Freitas, de modo a amainar os ânimos exaltados.

De acordo com Luciano, na página 95 de sua já citada obra, Chico e Waldo Vieira foram ao Rio de Janeiro conversar com Wantuil de Freitas e, nessa conversa, da qual Luciano participou, depois de analisarem com *serenidade* o que Chico havia solicitado em sua carta, concluíram que tudo não passara de um grande engano. Chico chorou, confessando seu profundo arrependimento.

Não vejo porque Luciano dos Anjos inventaria uma versão particular para o fato. O que teria ele a ganhar com isso? Que novo lugar ele teria dentro do Movimento? Muita gente pode não gostar de suas colocações, mas não me consta que seja afeito a mentiras ou tenha prazer em desfigurar verdades e fatos. Se ele não tem como provar, quem poderia atestar de maneira cabal o contrário? Seria uma opinião contra a outra e nada mais. O fato é que essa versão cabe não apenas porque o leitor amigo verá nas páginas seguintes uma carta confidencial de Wantuil para Divaldo, mas, cabe também, levando-se em consideração o grande coração que Chico sempre possuiu. Essa versão não denigre Chico, somente o eleva ainda mais, porque mostra que, sendo humano e passível de falhar, foi igualmente humano para se corrigir.

*Divaldo tem largo futuro à frente. Ele não precisa absolutamente da psicografia para sustentar a amizade e o carinho dos amigos desencarnados e encarnados. Jesus colocou-lhe um facho de luz no verbo sagrado que ele, nosso amigo e companheiro tão querido, pode santificar, cada vez mais, dele fazendo a sua bandeira de serviço à humanidade, crescendo sempre como um dos mais altos paladinos de nossa Causa no Brasil e fora do Brasil.*

*Peço reserva sobre esta carta, que deve ser lida somente para os que possam compreendê-la com espírito de compreensão fraternal.*

As palavras de Chico foram proféticas, pois Divaldo dignificou não apenas a palavra, mas também a conduta. Da mesma forma que Chico sempre procurou viver o que anunciava seu verbo lúcido e amoroso.

A reserva solicitada pelo missionário do Bem e da Simplicidade não se deu e, de alguma maneira, a carta seguiu e vem seguindo caminhos variados, da mesma forma que a sua divulgação também atende a intenções as mais diversas.

Preservá-la como um documento histórico terá sentido se, junto à sua preservação e publicação, se anotar e documentar o quanto esse episódio aproximou, posteriormente, essas duas almas.

Tanto Chico quanto Divaldo deram declarações públicas do carinho que os unia e eles o fizeram mais de uma vez.

Divaldo teve ocasião de se referir a esses fatos em declaração dada a Fernando Worm, inserida no livro *Moldando o Terceiro Milênio*:[51]

---

[51] Fernando WORM, *Moldando o terceiro milênio*, p. 41 e 42.

*Fernando Worm – Proponho, da maneira sempre edificante com que você expõe as respostas e colocações, falarmos do intercâmbio entre você e Chico Xavier ao longo desses anos, dada a inegável importância e relevo que ambos exercem no panorama espírita brasileiro.
Divaldo – Embora ciente da minha desvalia e insignificante contribuição à vasta e santificada obra de edificação do Espiritismo no Brasil, em relação a Chico Xavier devo dizer que tenho por ele, de quem me acho distanciado por milênios de evolução, toda veneração que se pode dedicar a uma criatura excepcional, que por sua obra e exemplo tanto enobrece a condição humana. Chico Xavier como medianeiro do Senhor é prova palpável da Caridade Divina. Infelizmente, durante alguns anos, creio que a partir de 1962, em decorrência de algumas publicações surgidas (às quais se manteve caritativo o nosso Chico), buscando atingir-me com propósitos que não me cabe julgar, mas que aparentemente visavam ajudar-me a progredir, pela dor, tomei a deliberação de manter-me em silêncio e voltado para o trabalho. Passaram-se assim muitos anos. A 04/05/1975 visitamo-lo na Comunhão espírita Cristã, em Uberaba, onde sua costumeira generosidade nos recebeu com a mesma distinção que ele dedica a todas as criaturas que o buscam. No ano seguinte, nos dias 05 e 06 de novembro, retornávamos a Uberaba para encontrá-lo já no Grupo Espírita da Prece, onde a oportunidade para mais um convívio fraterno se nos apresentou. A convite do Chico visitamos seu lar, para alguns momentos de aconchego e invariável enlevo espiritual. Posteriormente, a 23 de abril de 1976 retornamos ao*

*Grupo Espírita da Prece, tendo então sucedido um fato interessante. A sessão começara no horário habitual e nós, incógnito na cidade, chegamos atrasado aos trabalhos. A mesa estava preenchida, centenas de pessoas aguardavam a vez de serem atendidas. Chico Xavier, fechado na sala de receituário, sem saber que havíamos chegado, envia à presidência da mesa um recado dizendo que arranjassem um lugar para nós e que usássemos da palavra. Foi um grande júbilo e emoção. Creio que as ocorrências de 1962 foram provações válidas para nosso espírito porquanto estamos informados pela Doutrina Espírita que tudo aquilo que nos induz ao sofrimento, à dor, é um convite para nosso burilamento, com vistas ao aprendizado e fixação da humildade. Sabemos que nada nos acontece sem que seja pela vontade do Senhor, e, muitas vezes, tais provações são conseqüência de dívidas próximas ou remotas que devemos resgatar por necessidade evolutiva. Aprendemos no exercício da mediunidade que somos instrumento imperfeito, que as pessoas têm a oportunidade de fazer de nós o juízo que melhor lhes aprouver, jamais nos cabendo revidar nem fazer mau juízo dessas pessoas.*

Depois de tudo ter ficado no passado, os dois amigos publicaram juntos em 1983... *E o amor continua*, obra na qual Espíritos desencarnados vêm trazer mensagens aos seus entes queridos, comunicando-se por Chico e por Divaldo, inclusive, posteriormente ao *Esclarecimento,* feito por Nilson de Souza Pereira no limiar do livro, aparecem duas mensagens-prefácio do Espírito Bezerra de Menezes, ambas recebidas pelos dois medianeiros em Uberaba, em dias alternados.

*Pedro Leopoldo, 24-3-50*

*Meu caro Divaldo*

*Um grande abraço de União e*

*Deus nos abençõe a todos*

## 08
## A carta de Wantuil
## de Freitas

*saudades, olvidos me*

*coração para o seu, ab*

*muito afetuosamente, o irmão*

*que não o esquece.*

*Chico*

A carta que se segue foi remetida pelo então presidente da Federação Espírita Brasileira à época, Antonio Wantuil de Freitas. Pode-se perceber o papel timbrado da FEB, com o respectivo endereço, a data, o tom confidencial destacado pelo missivista, além da sua assinatura, conhecida pelos que conviveram com ele ou que tiveram acesso a documentos assinados pelo mesmo.

A referência a "médico" e "mineiro", deve ser traduzida por Waldo e Chico, respectivamente.

A postura dos personagens presentes ao encontro é descrita, salientando-se a aquiescência ao que foi proposto por Wantuil.

Embora se diga que as cópias existentes e acessíveis foram e seriam destruídas, muitas outras já circulavam pelo movimento espírita.

Termina sua carta afirmando que o encontro que Divaldo desejava ter a fim de ser ouvido não ficara marcado nem previsto, mas acreditava que o tempo se encarregaria de tudo resolver, como de fato, resolveu, especialmente para aqueles que acreditam na união, no espírito cristão que deve presidir nossas iniciativas e relações, sem divisionismos ou partidos, mas advogando o direito democrático da livre-expressão, desde que esta não tenha o propósito de ferir nem separar o que o bom-senso se encarregou, tempos depois, de aproximar e novamente unir sob o pálio de Jesus.

**Federação Espírita Brasileira**
Av. Passos, 30
Rio de Janeiro
BRASIL

Rio de Janeiro, 23 de Junho de 1962

Meu caro Divaldo:

Deus se apiade de nós.

Confidencial

Graças a Deus que tão magninânimamente compreendeu as minhas lágrimas, venho confirmar o telegrama que hoje te enviei.

Estive com ambos e tudo foi combinado para que me ajudassem a pôr fim à luta inglória que se iniciou, dentro de um copo dágua, como sempre me repetia o Dr. Armando.

Estamos, os três (Médico, Mineiro e eu), recolhendo e destruíndo todas as 16 cópias. Já recolhi duas, inclusive a do Jo. Mineiro seguiu sua cidade natal, a fim de recolher e destruir as para lá enviadas.

Meus argumentos foram ouvidos por eles com o mesmo carinho com que me deste a alegria de ouvir-me. O médico muito me ajudou, para que fôsse ouvido com a compreensão necessária. Eu e todo o mundo o supúnhamos ser o mais exaltado, em vista de ser o mais jovem, de sorte que foi grande alegria para mim, quando senti que ele jamais colocou lenha na fogueira.

Tudo foi resolvido conforme nós dois combinámos aqui em nossa residência. Todos dirão, e espero que faças o mesmo, que o assunto foi entregue à Casa Máter e que esta pede a todos os confrades que se abstenham de comentar o assunto, visto que a ela foi entregue o caso, para uma solução harmoniosa e nobre para todos.

Quanto ao encontro, não julguei oportuno falar nele, por enquanto, e espero que a ação do tempo me faça ver abraçadas as três almas que desejo unidas, pela eternidade.

Jesus seja louvado!

Um abraço do

A. Wantuil de Freitas
Rua General Argôlo, 33
Rio - Gb

Pedro Leopoldo, 14-3-50

Meu caro Divaldo

Um grande abraço de união e f[...]
Deus nos abençõe a todos

# 09
## Uma carta de Yvonne do Amaral Pereira

saudades, colhidos [...]
coração para o seu, a br[...]
muito afetuosamente, o irmão
que não o esquece.
Chico

*Rio, 5-8-1966*

*Caro irmão Divaldo:*

*Paz.*

*Recebi sua carta de 17 de Julho, e antes de qualquer assunto peço desculpas pela demora na resposta. Temos tido hóspedes até agora e nessas ocasiões não consigo o necessário sossego para o intercâmbio entre nós e o Espaço. Ontem, graças a Deus, consegui me harmonizar com o nosso amado Denis, e ai segue o recado que ele envia a você. Eu não tenho dúvidas, caro Divaldo, que ele lhe conceda ou lhe concederá, qualquer ensinamento doutrinário. Porque não poderia conceder, se você, pela dedicação à Doutrina e boa vontade em servir e progredir tem feito jus a esse prêmio? Aliás, em um dos seus livros, Denis promete àqueles que apelassem para o seu Espírito, após a sua desencarnação, que os auxiliaria em tudo quanto pudesse, referência feita ao labor doutrinário, e eu sou testemunha de que ele cumpre a promessa, pois tenho apelado para ele e sou sempre assistida, de modo insofismável. E se ele me atende e dá comunicações a outro médium, porque não daria a você, que também tem feito jus?*

*Devo, no entanto, esclarecer a você o seguinte, uma vez que tenho trabalhado muito com esse Espírito e conheço os hábitos dele. Ele gosta de discrição, ou seja, pouca propaganda; é um tanto arredio, portanto, e não é com muita facilidade que se comunica ostensivamente, embora o faça sempre, discretamente. Gosta que o médium se esforce por obter possibilidades de transmitir o estilo que lhe é próprio, e também gosta de aconselhar e instruir a mulher, a qual considera a grande vítima do século, etc. Você reestudando as obras dele ficará a par de tudo. Estudo Denis há 35 anos e posso afirmar que uma das causas do desbarato do Espiritismo é o desconhecimento das obras dele. Léon Denis trata com muita eficiência, de particularidades que Kardec não pôde tratar e deve ser realmente o grande continuador deste. Quanto ao estilo, não deverá haver entraves. Só os médiuns positivos transmitem o estilo integral. Com a continuação do exercício, entretanto, pode se aproximar muito. Ele foi escritor de muita personalidade, estilista vigoroso, e não é com facilidade que o médium poderá transmitir aquele estilo. Aliás, apenas conhecemos traduções, e podemos dizer que desconhecemos o verdadeiro estilo de Denis. Temos então de observar o conteúdo das comunicações, se realmente reproduzem o grande pensamento dele. Peço a Deus, Divaldo, que você consiga ser bom veículo para o pensamento de Denis, e estarei ao seu dispor para o que puder servir. Tenha, pois, coragem e fé, ore com humildade, suplicando forças a Jesus e lembrando ao próprio Denis a promessa feita em suas obras. Os médiuns de confiança estão cada vez mais raros, Divaldo. Mas por pequena que seja a força mediúnica se a cultivarmos com espírito de humildade e muito amor, poderemos obter muita coisa.*

*Por aqui vamos bem, sem grandes novidades. Consegui mais um livro, que já aprovado pela FEB. É da feição de "Devassando o Invisível" e terá o nome de "Recordações da Mediunidade". Vamos ver se agradará ao público.*

*Espero que você reserve algumas horas para nos visitar, quando voltar ao Rio, em Setembro. Temos muito que conversar sobre assuntos doutrinários.*

Os de casa enviam abraços, com a afeição de sempre. E rogando a Deus proteção e bênçãos para você, despeço-me com a fraternidade de sempre.

Sua irmã em Jesus Cristo,

Yvonne

P.S. Divaldo, gostaria muito de conversar com você sobre o assunto sexo. – parece que esse repisar, sobre o tema, está sendo contraproducente, patrocinado por espíritas, como vem sendo. Pelas cartas que recebo e confissões pessoais, estou autorizada a crer isso. Mas não é assunto para carta e prefiro aguardar sua visita.

Mais abraços e mais votos de paz.

A assinatura da comunicação não saiu bem devido a escassez de papel.

## Mensagem de Léon Denis para Divaldo

Nada há, meu amigo, que me pudesse impedir dirigir-me a ti, valendo-me da tua força de expressão, para me poder dirigir a outrem. O que se passou, no entanto, foi apenas um ensaio e valho-me da presente oportunidade para inteirar-te do meu método de trabalho: Prefiro, com efeito, dirigir-me a ti no silêncio do teu retiro solitário, sem testemunhas, e não em uma reunião pública, onde o elemento vibratório nem sempre é harmonioso; prefiro dias e horas certas, assim como temas doutrinários que levem a verdadeira tese espírita ao necessitado de instrução e não meras divagações sobre assuntos passageiros da Terra, que a renovação espiritual de cada um corrigirá a seu tempo. Procure meditar sobre minhas obras e compreenderá os pontos doutrinários que preferiria reviver e frisar, uma vez que os homens estão alijando os verdadeiros princípios *espíritas pelos sofismas acomodatícios do momento. Não te preocupes com as chamadas "mensagens" atuais. Não é este o meu perfil de escrever. Esforça-te por me forneceres ensejos para antigas teses definidas, onde me poderei expandir, esforçando-me por me fazer reconhecido.*

*Léon Denis*

Aproximadamente quatro anos após o episódio da carta de 1962, Divaldo recebe uma missiva resposta de Dona Yvonne. Não foi a primeira, ambos se correspondiam e Dona Yvonne se dirigia a Divaldo como a mãe o faz com um filho querido, sempre de uma forma carinhosa e íntima[52]. Nesta carta, em particular, a admirável médium que sempre pautou sua vida por uma conduta disciplinada e pela mais absoluta fidelidade aos postulados espíritas, vem com sua experiência dirimir alguma dúvida em torno da possível presença do espírito Léon Denis junto a Divaldo.

Trata Denis como um *ser amado* e de fato nunca escondeu o quanto seus livros estudados há 35 anos, sua orientação na redação final da obra *Memórias de um suicida* e sua vida apostolar lhe foram uma fonte de inspiração.

Afirma sem titubear que Denis poderia estar auxiliando Divaldo sim, especialmente pela maneira como o médium baiano conduzia sua vida pessoal e seus labores doutrinários. Ressalta a discrição desse espírito, o estilo dele e a necessidade de aguardar o tempo de modo a se estabelecer uma sintonia fina entre ambos.

---

[52] Inserimos ao final dos nossos comentários, neste capítulo, outra mensagem recebida por Yvonne e assinada pelo Espírito Vianna de Carvalho, esta, porém, de 1962, em meio às denúncias de plágio e às acusações que Divaldo recebia de muitas partes do nosso Movimento.

Menciona a escassez de *médiuns de confiança*, tarefeiros cuja produção seja confiável e que passe pelo crivo da razão e da universalidade dos ensinos, respeitando-se, naturalmente, o caráter progressivo do Espiritismo. Caráter esse que nada tem a ver com modismos e revelações surreais, completamente distantes daquilo que um século e meio de literatura espírita séria, mediúnica ou não, já nos trouxe.

Ressalta a publicação do livro *Recordações da Mediunidade* e sua expectativa de que agradasse ao público. O livro não agradou pouco, agradou muito e se trata de uma obra original, em que poucas vezes se viu uma médium se despojar tanto de si, abrindo seu diário particular não para se projetar, mas para compartilhar com os companheiros de jornada as suas experiências, revelando detalhes dos escolhos existentes a uma prática mediúnica séria, devotada e cristã, além das alegrias que a mediunidade enseja a todo aquele que a trata convenientemente.

Finaliza a carta desejando conversar com Divaldo, em particular, a respeito do tema sexo. Não parece preocupada com o tema em si, mas talvez pela maneira como esse tema era abordado na época e trocar algumas palavras com quem estuda e divulga o Espiritismo e que poderia ser útil para ambos, tendo em vista a experiência distinta de um e de outro.

Mas qual a razão da inclusão da carta e da mensagem de Léon Denis nesse livro?

Ressaltar mais uma vez a natureza das amizades e dos vínculos que Divaldo estabelecia, à época, e o tipo de assessoria espiritual que igualmente recebia.

Ao longo dos anos Divaldo recebeu inúmeras mensagens desse Espírito Amigo e continuador de Kardec, que segue até hoje prestando auxílio a quem sinceramente o solicita.

## A mensagem de Vianna de Carvalho psicografada por Yvonne do Amaral Pereira em 1962.

*Meu amigo e filho querido, Deus nos abençoe. Por que te admiras dos espinhos que circundam os teus caminhos, se o teu Mestre de Nazaré foi coroado com os mesmos espinhos?*

*Por que te admiras que as lágrimas corram dos teus olhos, confrangido que está o teu coração, se teus irmãos do início do Apostolado Messiânico se viram frente aos leões dos circos da iniquidade para satisfação das trevas? Por que desejamos encontrar apenas sedas e arminhos, se desde o início da Terceira Revelação foi anunciado que os adeptos mais responsáveis seriam atingidos pela zombaria e o ridículo, visto que passar a época dos gládios e dos circos romanos? Dá graças a Deus por mereceres sofrer frente ao serviço do Senhor. Reage a tua fronte abatida, certo de que depois da borrasca surgirá a bonança. Lembra-te de que ao Calvário seguiu-se a ressurreição, para que a Doutrina do Cristo imperasse nos corações. Resigna-te ao presente e espera que a luz rebrilhe em teus futuros caminhos. Na seara do Cristo nem só os que escrevem são eleitos. Os que choram e sofrem também o são, porventura com maiores méritos. Tua missão maior é junto aos que sofrem, como o teu Mestre Jesus Nazareno, e não ao pé dos letrados do século. Prossegue, pois, enxugando lágrimas, revigorando corações, amando, perdoando, esperando... e o mais vir-te-á por acréscimo de misericórdia. Deus seja contigo. Não estás só. Amigos do invisível velam por ti.*

*Paz,*

*Vianna de Carvalho*

*Pedro Leopoldo, 14-3-50*

*Meu caro Divaldo*

*Um grande abraço de União e f*

*Deus nos abençõe a todos*

# 10
# Divaldo Franco em Uberaba

*saudades, colhidas no me*
*coração para o seu, abr*
*muito afetuosamente, o irmão*
*que não o esquece.*

*Chico*

Esse capítulo refere-se a um momento muito especial vivido por Divaldo em 1980, em Uberaba, a acolhedora cidade mineira onde, por tantos anos, viveu Chico Xavier.

Nesse ano, Divaldo lá esteve para receber o título de cidadania, concedido pela Câmara de Vereadores.

A relação de Divaldo com essa cidade é bem anterior ao ano de 1980, pois teve a ocasião de visitar Uberaba pela primeira vez em 1955, quando recebeu convite para falar no *Centro Espírita Uberabense*. Depois dessa visita inicial, seguiram-se novos convites, estabelecendo-se entre o médium baiano e essa cidade *um vínculo de luz*.

E, falando da amizade que sempre uniu esses dois corações – Divaldo e Chico, nada melhor do que recorrer a alguns trechos da obra *Divaldo Franco em Uberaba*, de Carlos A. Baccelli que ajudam a dar dimensão ao que estamos afirmando, além de tudo o que nós já escrevemos aqui, ao vínculo de carinho que um sempre nutriu pelo outro.

De início, vale a pena ler um fragmento do tributo de respeito que o autor da obra dirige a Divaldo, no trecho intitulado DIVALDO, UBERABA ESPÍRITA TE SAÚDA:

*É preciso que saibas que não estamos homenageando apenas o festejado tribuno, cuja palavra é luz a refletir para todos os povos os ensinos do Cristo, ou o reconhecido médium que se fez, por amor à Causa, intérprete dos Espíritos Superiores; queremos render o tributo de nossa gratidão ao Amigo que, semelhante ao cirineu anônimo do Evangelho, nos tem ajudado a caminhar... [...] almejamos dizer a Uberaba que o filho recém-adotado é um servidor do Cristo na pessoa do próximo; alguém que se olvidou de todo, que renunciou a si próprio, que entendeu a felicidade como sendo o Bem, na mais alta expressão da palavra, que se pode fazer aos que gemem de angústia e de desespero... Sim, Divaldo, conquistaste-nos o coração pela perseverança, pelo silêncio nas horas de dor – quem não as tem? – Pela disciplina que impuseste a ti próprio para que o Senhor crescesse aos olhos do mundo, tão carente de amor, através de tua vida. A nossa cidade é a tua casa; demora-te conosco! O nosso coração é o teu lar; hospeda-te nele!*

Trata-se de um trecho de reconhecimento ao companheiro de caminhada por seus esforços, suas lutas, suas dificuldades para seguir, quando tudo conspira para que desista, especialmente ante as descabidas exigências humanas para que o médium se anule, esqueça sua vida pessoal e viva exclusivamente para servir, sem que cogitemos daquilo que podemos fazer por ele de modo a suavizar o seu jugo e aliviar o seu fardo.

Em outro capítulo, confirmando o carinho que um medianeiro sempre teve pelo outro, está registrado: *Divaldo e Chico Xavier sempre mantiveram contacto; inicialmente, através de cartas; posteriormente, os laços foram se estreitando e, hoje, são dois valorosos amigos.*

Encontramos igualmente um comentário fraterno e estimulante que Chico dirige a Divaldo, na época com 53 anos, mantendo-se firme nas tarefas que abraçou, procurando crescer de dentro para fora, esforçando-se para promover sua transformação moral, esforço que empreende até os dias atuais, ciente do que é, do que foi, do que precisa ser... Diz Chico Xavier:

*A admiração que nutrimos por Divaldo é pela sua perseverança no trabalho da Seara. Enquanto muitos se desviam ou abandonam as tarefas que lhes competiam, há mais de 25 anos que Divaldo prossegue sem esmorecer. Ele é um trabalhador incansável [...]. Divaldo é bem o semeador que tomou as sementes sublimes da palavra e saiu a semear. Deus o abençoe nas tarefas a que se dedicou!*

Chico, presente na solenidade de entrega do título de cidadania a Divaldo, a fim de prestigiar o amigo, se pronuncia após as palavras do vereador e de maneira muito simples e afetuosa, como lhe era peculiar, faz suas saudações iniciais em tom formal, para depois espraiar sua ternura e seu carinho ao amigo baiano. Leiamos:

*Pedro Leopoldo, 14-3-50*

*Meu caro Divaldo*

*Um grande abraço de União e f*

*Deus nos abençõe a todos*

# 11
## Palavras de Chico Xavier

*saudades, colhidas em*
*coração para o seu, abr*
*muito afetuosamente, o irmão*
*que não o esquece.*

*Chico*

*O nosso querido amigo Divaldo Pereira Franco, que se fez amado por nós todos na condição de mensageiro da Boa Nova, concedido pela Bahia ao Brasil e que o Brasil está enviando ao mundo inteiro, está nascendo hoje emérito cidadão uberabense, por disposição legal do nosso muito digno Poder Legislativo de Uberaba, felicitando-nos todos ante a justa decisão da edilidade uberabense, que incorporou o nosso distinto homenageado à vida comunitária de nossa cidade prestigiosa.*

*Nós agradecemos às dignas autoridades uberabenses que consagraram ao nosso Divaldo o justo laurel desta noite; a ele, o amigo e companheiro que nos merece de todos o maior respeito e a melhor consideração. Reverenciando na personalidade de Divaldo Pereira Franco não apenas o companheiro a quem devo, particularmente, atenções e gentilezas irresgatáveis para mim.*

*Reconhecemos nele o líder autêntico dos nossos princípios espíritas-cristãos, no Brasil e no Exterior, líder pela inteligência e pelo coração, credor de nossa admiração e de nosso profundo reconhecimento.*

*Por isso mesmo, nas emoções desta hora, com o coração explodindo em lágrimas que não conseguem chegar à tona das palavras, rogamos à Providência Divina engrandeça constantemente a cultura e o progresso, o trabalho e a nobreza da comunidade uberabense, e faça com que possa brilhar cada vez mais no Brasil e em outras nações da Terra, a obra admirável do nosso querido amigo e companheiro Divaldo Pereira Franco, obra essa que significa para nós bendita seara de união e esperança, de paz e de amor, em nome de Jesus.*

*Que Deus nos abençoe!*

*Muito obrigado!*

*Chico Xavier*

*Pedro Leopoldo, 14-3-50*

*Meu caro Divaldo*

*Um grande abraço de união e f[...]*

*Deus nos abençoe a todos*

## 12
## Um bolo para Divaldo

*saudades, colhidos n[...] m[...] coração para o seu, ab[...] muito afetuosamente, o irmão que não o esquece.*

*Chico*

Após a entrega do título e das comemorações oficiais que ocorreram no ginásio Fúlvio Fontoura, Dona Altiva Noronha, amiga de um e de outro, ofereceu a ambos uma singela recepção.

Um bolo foi carinhosamente preparado, com vinte e cinco velas, objetivando comemorar o tempo de amizade desses dois valorosos trabalhadores da seara espírita. E, de acordo com o que foi registrado, a ideia de oferecer um bolo, se não foi do próprio Chico, pelo menos recebeu seu endosso sincero.

Como podemos perceber, Dona Altiva foi um exemplo vivo do quanto gostar de uma pessoa não implica excluir ou desmerecer nenhuma outra a quem tenhamos afeição. Quem gosta inclui, aproxima, não faz acepções, não vive a destacar o que diferencia, tentando estabelecer algum tipo de hierarquia, mas se detém naquilo que é comum, que faz com que duas ou mais pessoas se mantenham unidas, a despeito do que possam falar sobre elas ou tentar fomentar entre elas.

No coração de Dona Altiva, hoje desencarnada, Chico e Divaldo eram e quero crer, continuam a ser duas almas muito chegadas, admiradas e aproximadas pelo constante intercâmbio que se permitia fazer entre ambos, sendo sempre portadora de boas notícias, nunca espalhando informações que pudessem vitalizar suspeitas, duplo sentido ou coisas do gênero.

Seu exemplo de amizade também nos faz pensar sob outro ponto de vista. Temos o direito de gostar mais de um do que de outro, são as afinidades, mas para isso não precisamos ficar esperando por um deslize ou falha, de modo a crucificar aquele por quem não tenhamos tanto afeto.

Não é próprio de um grande coração afirmar seu amor destilando ódio. Para se destacar as qualidades de alguém não é preciso buscar-se as imperfeições dos outros, no entanto, muitas vezes, desejando testemunhar apreço por uma pessoa, reforçamos nosso desdém por outras criaturas.

Divaldo esteve no *Grupo Espírita da Prece*, onde recebeu várias mensagens[53], esteve também à sombra do abacateiro, na Vila dos Pássaros Pretos, participando dos comentários acerca de *O Evangelho Segundo o Espiritismo* que Chico sempre fazia naqueles dias.

---

[53] Uma dessas mensagens foi de João Ghignone, ex-presidente da Federação Espírita do Paraná e dirigida à sua filha Francisca que viera de Curitiba em uma caravana.

*Pedro Leopoldo, 14-3-50*

*Meu caro Divaldo*

*Um grande abraço de união e f[é]*

*Deus nos abençôe a todos*

# 13
## A candidatura de Chico Xavier ao Prêmio Nobel da Paz

*saudades, colhidos em [...]
coração para o seu, ab[raço]
muito afetuosamente, o irmão
que não o esquece.*

*Chico*

Em entrevista concedida ao Jornal da Manhã, Divaldo respondeu a várias perguntas relacionadas a assuntos diversos e uma delas foi a respeito de como ele via a candidatura de Chico. Sua resposta sintética, sincera e afetuosa merece um breve destaque de nossa parte:

> *[...] encontramos, em Chico Xavier, o protótipo do homem da Paz, porque ele, não somente fomenta, como mantém a paz nos corações. Acima de tudo irradia paz. A sua personalidade de peregrina beleza e amor tem sensibilizado o mundo. Não colocamos aqui o médium ímpar, mas o cidadão invulgar. Chico Xavier consegue dulcificar os corações impedindo, com a sua palavra e a sua mensagem, que milhões de criaturas descambem para o suicídio; que milhões de criaturas fomentem conflitos gerando guerras; que milhões de criaturas enloqueçam pelo esmagar da neurose, das alucinações. É sob todos os aspectos considerados um dos mais excelentes candidatos, sem demérito para os demais [...].*

Divaldo Franco deflagrou esse movimento na intenção de que o mundo conhecesse ainda mais esse homem-luz que foi Chico Xavier e não o fez por se julgar a melhor ou a única pessoa capaz de fazê-lo, aliás, Divaldo nunca pretendeu ser o melhor amigo nem de Chico, nem de quem quer que fosse;

sempre desejou ser um amigo e ter amigos, seguindo adiante, de modo a cumprir o programa de tarefas que assumiu antes de reencarnar.

Em reforço ao que aqui afirmamos, vale a pena lembrar o que escreveu o saudoso Augusto Cesar Vannucci em seu livro de memórias[54], em que se misturam relatos da sua trajetória de vida e das iniciativas que tomou tentando levar para a televisão brasileira programas que destacassem a religiosidade humana e, particularmente, o Espiritismo.

> *Mesmo depois de deixar a direção do "Fantástico", consegui de José Itamar, o novo diretor, apoio para uma campanha lançando Chico Xavier ao Prêmio Nobel da Paz. O Brasil e o mundo participaram desta campanha. Houve apoio de gente de todas as religiões. Assinaturas de católicos, protestantes, umbandistas. Ainda que pareça incrível, as restrições partiram somente de instituições espíritas, por acharem que a campanha poderia envaidecer o médium de Uberaba. O mentor de todo o movimento foi, na verdade, Divaldo Franco. Incansável na divulgação, o deputado Freitas Nobre selecionou todo o material referente a Chico Xavier, enviando-o a Oslo. Traduziu para cinco idiomas, com eficiente equipe de trabalho, a vasta documentação reunida. Na porta dos teatros, artistas colhiam assinaturas. O mesmo ocorreu não apenas nas casas espíritas, mas em todos os locais que congregam grupos espiritualistas do Brasil e da América Latina. E isso significou a divulgação do Cristo e da obra de*

---

[54] O livro se chama *De Ave César a Ave Cristo* e foi publicado pela Editora Maio, em 1994.

> *Chico. As vendas de livros triplicaram. As pessoas queriam saber mais a respeito do "Homem chamado Amor".*

Em razão das constantes viagens ao Exterior, Divaldo conseguiu mobilizar os companheiros do Movimento Espírita Internacional, especialmente da Europa, da África e das Américas, além de simpatizantes e populares, de modo que cerca de cem mil assinaturas foram coletadas juntando-se aos milhões de brasileiros que desejavam ver Chico sendo reconhecido com semelhante láurea.

Em reforço aos nossos argumentos, vale lembrar os agradecimentos que Chico faz, por meio das cartas que constam no início deste livro, ao fato de Divaldo mantê-lo informado acerca do Movimento, além da menção a certos documentos que o médium baiano lhe entregara e que Chico encaminhou aos organizadores, sem que lhe tivessem sido devolvidos.

O vencedor do Prêmio Nobel da Paz pela segunda vez, divulgado no dia 14 de outubro de 1981, foi o Escritório do Alto Comissariado da ONU- Organização das Nações Unidas para os Refugiados. A esse respeito disse Chico, com a sabedoria que lhe era peculiar:

> *Nós estamos muito felizes, sabendo que um prêmio dessa ordem coube a uma instituição que já atendeu a mais de dezoito milhões de refugiados.* E concluindo:
>
> *Graças a Deus, estamos muito bem, e para fazer um pouco de alegria, vamos dizer que não tivemos, na Doutrina Espírita, o prêmio da paz, mas estamos com a paz do prêmio.*

*Pedro Leopoldo, 14-3-50*

*Meu caro Divaldo*

*Um grande abraço de União e f*
*Deus nos abençôe a todos*

# 14
## O amor que Divaldo sempre dedicou a Chico Xavier

*saudades, colhidos em me*
*coração para o seu, abr*
*muito afetuosamente, o irmão*
*que não o esquece.*
*Chico*

Concedendo uma entrevista a vários jovens espíritas, presentes no *Centro Espírita Vicente de Paulo*, ainda em Uberaba, uma pergunta dirigida a Divaldo merece destaque, considerando tudo o que temos abordado até agora:

*Divaldo, por que você ama tanto Chico Xavier?*
*D.P.F. - Porque os sapos também se deslumbram com as estrelas, e porque, Chico Xavier, na minha vida, é um modelo a quem respeito, há trinta e dois anos, desde quando o conheci no ano de 1948, em Belo Horizonte. Na vida impoluta deste homem-luz sempre encontro a lição viva do exemplo. Quando, às vezes, uma aflição me angustia, eu me pergunto: — Como faria Chico, nesta situação? Conforme um livro que eu lera, há tempos, e se intitula: Em seus passos, que faria Jesus? Eu não me atrevo a perguntar o que faria Jesus no meu lugar, por ser Ele tão transcendente que eu não O humanizo. Como, porém, Chico está entre mim e Ele, pelo menos fisicamente mais perto, eu faço, mentalmente, a pergunta; — O que faria Chico, nesta situação? Imagino como ele agiria, pelo pouco que eu sei da sua vida, da sua reação não violenta, então procuro agir dentro do pressuposto do que ele*

*faria. Para ele é mais fácil perguntar como Jesus faria, como, porém, ainda estou longe, assim faço e nunca me dei mal. Em todos esses anos tenho evitado fazer-lhe perguntas, cansá-lo, porque acredito não ter o direito de perturbá-lo. A sua tarefa, eu a considero tão importante, que tento não o atrapalhar. Quando dele estou perto – deslumbrado pelas suas lições – interfiro aqui ou ali, narrando um caso alegre a fim de distraí-lo, porque quase todos lhe levamos muitos problemas; eu, no entanto, gostaria de ser alguém que lhe oferecesse também um pouco de sorrisos. Conto um caso, refiro-me a um fato que me sucedeu, uma anedota positiva – ele é um homem muito jovial – e tranquilizo-me, considerando que qualquer informação que dele se deseje, já está respondida na obra grandiosa que ele psicografou. Ouvi, oportunamente, alguém dizer: – "Eu chego, olho-o e basta; já coloquei colírio na vista. Estou curado. Estou curado por um ano da minha catarata... Quando vai escurecendo a vista de novo, eu volto, tomo outro colírio". Isto me tem ajudado muito e me faz entender a sua vida, porque, de alguma forma, também sou uma vida solitária. Todos temos almas queridíssimas ao nosso lado, corações devotados, mas todos aqueles que transitamos pela estrada de Jesus, estamos marchando pela via do Gólgota, ou da Úmbria, por onde caminharam Jesus e Francisco de Assis. Faço parte do grupo de almas que estão em soledade na multidão e que devem estar sempre policiadas por si mesmas, desde que são severamente policiadas por outros. Aprendi a amar Chico Xavier e lhes digo com pureza d'alma: Nunca, jamais me passou pela mente, em hora alguma, qualquer outro sentimento que não fosse de extremado amor fraternal e de profundo respeito por ele e sua obra. Pensamento negativo algum jamais me deixou nublar a lucidez desta consideração com que vejo Chico Xavier, tal como na minha infância via Francisco de Assis, a quem desejava imitar... Aquele homem do século doze, Deus permitiu que, de alguma forma voltasse, no século vinte. Não estou dizendo que ele é a reencarnação de Francisco de Assis. Quero afirmar que aquele modelo, de há oito séculos, eu tive a felicidade de encontrar no século vinte, num verdadeiro êmulo a quem eu posso ver e acompanhar. Eis por que tenho por ele este amor. O que vou dizer, às vezes choca: respeito o médium, considero-o um dos mais notáveis da História, não obstante o que me fascina é o homem Chico Xavier. Se amanhã, sua mediunidade, por circunstância que nos escape, fosse colocada num outro plano em que ele não a pudesse exercer, digo-o com toda a alma, isso não afetaria absolutamente em nada, a afeição e o respeito que lhe dedico. Fascina-me a sua bondade, a sua resistência contra o mal, a sua compaixão pelos que sofrem, saber sorrir mesmo chorando, ceder, quando todos estão tomando, permanecer até a exaustão e não reclamar – porque é uma tentação poder queixar-se, como justificar-se. Na última sexta-feira, por exemplo: ele sentou-se às duas horas e quinze minutos para atender o povo. Daí a pouco a angina passou a incomodá-lo tanto, que ele se levantou discretamente para respirar por meia hora após receber a aplicação de uma injeção. Sem alarde retornou e ficou até às quatro e vinte da manhã, atendendo à dor humana, sem demonstrar a sua dor, sem ninguém querer saber do seu cansaço, sem queixar-se, sem fazer "cartaz", dizendo estar muito doente e inspirando compaixão. Naquele ínterim, à tarde, quando saiu a receber a medicação, ouvi uma senhora reclamar com azedume: "Eu estava animada, que lograria falar com ele, mas, levaram-no para dentro, a fim de escondê-lo". Ele não se justificou, ao retornar, não disse nada, atendeu a dama com imenso carinho, enquanto ela se apresentava gorda, forte, bonita, e ele com dores de angina até às quatro e vinte da manhã do dia seguinte ali, na tarefa. Vejo-o como alguém que está brilhando, da mesma forma que, na noite mais densa pelas sombras sempre há estrelas fulgindo além, muito além da nossa percepção.*

*Pedro Leopoldo, 14-3-50*

*Meu caro Divaldo*

*Um grande abraço de União e f*

*Deus nos abençõe a todos*

## 15
## Uma surpresa para Divaldo

*saudades, colhidos no meu*
*coração para o seu, ab*
*muito afetuosamente, o irmão*
*que não o esquece.*

*Chico*

Depois de se reunir com os jovens, no *Centro Espírita Vicente de Paulo*, para um diálogo edificante, onde inúmeras perguntas lhe foram dirigidas, Divaldo recebeu uma nova homenagem e, ao mesmo tempo, uma singela surpresa: o seu primeiro livro psicografado, *Messe de Amor,* lhe é entregue, devidamente encadernado, com uma bela dedicatória de Chico e com uma rosa vermelha em cima, sem espinhos.

Semelhante presente faz com que Divaldo se emocione, volte ao tempo, exatamente ao dia 05 de maio de 1964, data em que o livro fora lançado no Rio de Janeiro, no auditório do Ministério da Fazenda.

Após os atropelos iniciais do lançamento, quando Divaldo depois de ter, às pressas e com o auxílio de amigos, cortado uma página invertida de modo a não comprometer a apresentação da obra, chega ao lar da grande amiga Celeste Mota, senhora que o hospedara de 1956 a 1970, e ao colocar o livro sobre um móvel, Joanna de Ângelis lhe aparece e lhe fala das dificuldades que sobreviriam a partir daquela primeira obra e se ele, Divaldo, estaria disposto a pagar o preço. Sem titubear, ele disse que prontamente e, de lá para cá, já são mais de duzentos livros psicografados, iluminando consciências e corações para a realidade espiritual, com toda a renda sempre revertida à manutenção dos serviços assistenciais da *Mansão do*

*Caminho*[55] e de outras instituições, às quais tem oferecido os *direitos autorais*, no Brasil e no Exterior.

A iniciativa dos amigos uberabenses trouxe grande alegria ao coração fraterno de Divaldo.

---
[55] A narrativa completa deste episódio pode ser encontrada no livro *O Semeador de Estrelas*, de Suely Caldas Schubert.

*Pedro Leopoldo, 14-3-50*

*Meu caro Divaldo,*

*Um grande abraço de União e f[...]*

*Deus nos abençõe a todos.*

## 16
## O retorno do Apóstolo
## Chico Xavier

*saudades, colhido [...]*
*coração para o seu, ab[...]*
*muito afetuosamente, o irmão*
*que não o esquece.*
*Chico*

*Quando mergulhou no corpo físico, para o ministério que deveria desenvolver, tudo eram expectativas e promessas. Aquinhoado com incomum patrimônio de bênçãos, especialmente na área da mediunidade, Mensageiros da Luz prometeram inspirá-lo e ampará-lo durante todo o tempo em que se encontrasse na trajetória física, advertindo-o dos perigos da travessia no mar encapelado das paixões bem como das lutas que deveria travar para alcançar o porto de segurança. Orfandade, perseguições rudes na infância, solidão e amargura estabeleceram o cerco que lhe poderia ter dificultado o avanço, porém, as providências superiores auxiliaram-no a vencer esses desafios mais rudes e crescer interiormente no rumo do objetivo de iluminação. Adversários do ontem que se haviam reencarnado também, crivaram-no de aflições e de crueldade durante toda a existência orgânica, mas ele conseguiu amá-los, jamais devolvendo as mesmas farpas, os espículos e o mal que lhe dirigiam. Experimentou abandono e descrédito, necessidades de toda ordem, tentações incontáveis que lhe rondaram os passos ameaçando-lhe a integridade moral, mas não cedeu ao dinheiro, ao sexo, às projeções enganosas da sociedade, nem aos sentimentos vis. Sempre se manteve em clima de harmonia, sintonizado com as Fontes Geradoras da Vida, de onde hauria coragem e forças para não desfalecer. Trabalhando infatigavelmente, alargou o campo da solidariedade, e acendendo o archote da fé racional que distendia através dos incomuns testemunhos mediúnicos, iluminou vidas que se tornaram faróis e amparo para outras tantas existências. Nunca se exaltou e jamais se entregou ao desânimo, nem mesmo quando sob o metralhar de perversas acusações, permanecendo fiel ao dever, sem apresentar defesas pessoais ou justificativas para os seus atos. Lentamente, pelo exemplo, pela probidade e pelo esforço de herói cristão, sensibilizou o povo e os seus líderes, que passaram a amá-lo, tornou-se parâmetro do comportamento, transformando-se em pessoa de referência para as informações seguras sobre o Mundo Espiritual e os fenômenos da mediunidade. Sua palavra doce e ungida de bondade sempre soava ensinando, direcionando e encaminhando as pessoas que o buscavam para a senda do Bem. Em contínuo contato com seu Anjo tutelar, nunca o decepcionou, extraviando-se na estrada do dever, mantendo disciplina e fidelidade ao compromisso assumido. Abandonado por uns e por outros, afetos e amigos, conhecidos ou não, jamais deixou de realizar o seu compromisso para com a Vida, nunca desertando das suas tarefas. As enfermidades minaram-lhe as energias, mas ele as renovava através da oração e do exercício intérmino da caridade. A claridade dos olhos diminuiu até quase apagar-se, no entanto a visão interior tornou-se mais poderosa para penetrar nos arcanos da espiritualidade. Nunca se escusou a ajudar, mas nunca deu trabalho a ninguém. Seus silêncios homéricos falaram mais alto do que as discussões perturbadoras e os debates insensatos que aconteciam à sua volta e longe dele, sobre a Doutrina que esposava e os seus sublimes ensinamentos. Tornou-se a maior antena parapsíquica do seu tempo, conseguindo viajar fora do corpo, quando parcialmente desdobrado pelo sono natural, assim como penetrar em mentes e corações para melhor ajudá-los, tanto quanto tornando-se maleável aos Espíritos que o utilizaram por quase setenta e cinco anos de devotamento e de renúncia na mediunidade luminosa. Por isso mesmo, o seu foi mediunato incomparável. ...E ao desencarnar, suave e docemente, permitindo que o corpo se aquietasse, ascendeu nos rumos do Infinito, sendo recebido por Jesus, que o acolheu com Sua bondade, asseverando-lhe: – Descansa, por um pouco, meu filho, a fim de esqueceres as tristezas da Terra e desfrutares das inefáveis alegrias do reino dos Céus.*

**Joanna de Ângelis**

(Página psicografada pelo médium Divaldo Pereira Franco, no dia 02 de julho de 2002, no *Centro Espírita Caminho da Redenção*, em Salvador, Bahia).

*Pedro Leopoldo, 14-3-50*

*Meu caro Divaldo*

*Um grande abraço de União e*
*Deus nos abençôe, a todos*

# 17
## Singela conclusão

*saudades, colhidas no*
*coração para o seu, abr*
*muito afetuosamente, o irmão*
*que não o esquece.*
*Chico*

Inúmeros escritores, encarnados e desencarnados, escreveram com elegância e propriedade acerca da relação dos Espíritos com os médiuns. Fosse narrando experiências pessoais, alertando-nos para os perigos da prática mediúnica, sem o necessário embasamento doutrinário ou mesmo apresentando episódios verídicos, demonstrando a intensa e magnífica presença dos bons Espíritos, em intercâmbio de luz entre as duas dimensões.

Mas, penso que ninguém até hoje logrou descrever essa relação com tamanha profundidade e poesia, sensibilidade, beleza e conhecimento de causa como Léon Denis.

Apoiando-me em um trecho do prefácio de *No Invisível,* deixo aqui minha singela homenagem a esses dois tarefeiros e especialmente a Divaldo, em particular, que me permitiu ter acesso a essa correspondência tão íntima, guardada sem alarde e sem propósito de destaque durante todos esses anos.

Para ambos e para você Divaldo, a admiração, o reconhecimento e o carinho de quem, nos últimos anos, tem conseguido sentir Jesus em si, graças também aos seus exemplos sempre tão humanos, tão próximos da nossa condição terrena, mostrando-nos que é possível, em nossa jornada no mundo, vivermos a mensagem evangélica, trazer Jesus para o nosso cotidiano e *sermos como os rios que ao mesmo tempo em que fecundam a terra, refletem o céu.*

Diz Léon Denis, o amigo de todos nós:

*À medida, porém, que me adiantava na rota delineada, a comunhão com meus invisíveis protetores se tornava mais íntima e profunda. Sentia-me guiado através dos embaraços e dificuldades da tarefa que me havia imposto. Nos momentos de provação doces consolações baixavam sobre mim. Atualmente chego a sentir a frequente presença dos Espíritos, a distinguir, por um sentido íntimo e seguríssimo, a natureza e a personalidade dos que me assistem e inspiram. Não posso, evidentemente, facultar a outrem as sensações intensas que percebo e que explicam minha certeza do além, a absoluta convicção que tenho da existência do mundo invisível. Por isso é que todas as tentativas por me desviar da minha senda têm sido e serão sempre inúteis. A minha confiança, a minha fé, são alimentadas por manifestações cotidianas; a vida se me desdobrou numa existência dupla, dividida entre os homens e os Espíritos. Considero por isso um dever sagrado esforçar-me por difundir e tornar acessível a todos os conhecimentos das leis que vinculam a Humanidade da Terra à do Espaço e traçam a todas as almas o caminho da evolução indefinida.*

Obrigado Chico! Obrigado Divaldo!

*Fim*

# Referências Bibliográficas

AMORIM, Deolindo. *Africanismo e espiritismo*. Rio de Janeiro: CELD, 1993.

----------------. *O espiritismo e as doutrinas espiritualistas*. 7ª ed. Rio de Janeiro: CELD, 2005.

ANJOS, Luciano dos. *A anti-história das mensagens co-piadas*. Rio de Janeiro: Leymarie, 2006.

BACCELLI, Carlos A. *Divaldo Franco em Uberaba*. Salvador: Leal, 1981.

CAMILO, Pedro. *Devassando a mediunidade*. São Paulo: Lachâtre, 2009.

----------------. *Pelos caminhos da mediunidade serena*. Bragança Paulista: Lachâtre, 2006.

CARVALHO, Antonio Cesar Perri; MELO, Oceano Vieira de. *Depoimentos sobre Chico Xavier*. Rio de Janeiro: FEB, 2010.

DENÓFRIO, Darcy França. *Cora Coralina*. (Seleção). 2ª ed. São Paulo: Editora Global, 2004.

DENIS, Léon. *No invisível*. 17ª ed. Rio de Janeiro: FEB, 1996.

FERNANDES, Washington Luiz Nogueira. *Atos do apóstolo espírita*. São Paulo: FEESP, 2000.

FILHO, Luciano Klein. *Recordações de um apóstolo*. Fortaleza: FEEC, 2011.

FRANCO, Divaldo Pereira. *Além da morte*. Pelo Espírito Otília Gonçalves. 3ª ed. Salvador: Leal, 1982.

――――――――. *Alerta*. Pelo Espírito Joanna de Ângelis. 6ª ed. Salvador: LEAL, 2007.

――――――――. *Árdua ascensão*. Pelo Espírito Victor Hugo. 8ª ed. Salvador: LEAL, 2002.

――――――――. *Calvário de libertação*. Pelo Espírito Victor Hugo. 8ª ed. Salvador: LEAL, 2006.

――――――――. *Diálogo com dirigentes e trabalhadores espíritas*. 4ª ed. São Paulo: USE, 1995.

FRANCO, Divaldo Pereira;TEIXEIRA, Raul. *Diretrizes de segurança*. Niterói: Fráter, 1990.

FRANCO, Divaldo Pereira e XAVIER, Francisco Cândido... *E o amor continua*. Espíritos Diversos. 2ª ed. Salvador: LEAL, 1991.

FRANCO, Divaldo Pereira. *Estesia*. Pelo Espírito Rabindranath Tagore. 2ª ed. Salvador: LEAL, 1987.

――――――――. *Loucura e obsessão*. Pelo Espírito Manoel Philomeno de Miranda. 2ª ed. Rio de Janeiro: 1990.

――――――――. *Médiuns e mediunidades*. Pelo Espírito Vianna de Carvalho. Niterói: Arte &Cultura, 1990.

――――――――. *Nas fronteiras da loucura*. Pelo Espírito Manoel Philomeno de Miranda. 2ª ed. Salvador: LEAL, 1984.

――――――――. *Painéis da obsessão*. Pelo Espírito Manoel Philomeno de Miranda. 8ª ed. Salvador: LEAL, 2002.

――――――――. *Rumo às estrelas*. Espíritos diversos. Araras: IDE, 1992.

――――――――. *Viagens e entrevistas*. Rio de Janeiro: Lar Fabiano de Cristo, 1978.

GRISI, Romeu e SISTINI, Gerson. *Inesquecível Chico*. 5ª ed. São Bernardo: GEEM, 2009.

KARDEC, Allan. *A gênese*. 19ª ed. São Paulo: LAKE, 1999.

―――――――. *O evangelho segundo o espiritismo*. 25ª ed. Bolso. Rio de Janeiro: FEB, 2009.

―――――――. *O livro dos médiuns*. 62ª ed. Rio de Janeiro: FEB, 1996.

―――――――. *Revista espírita de 1862*. Trad. Evandro Noleto Bezerra. Rio de Janeiro: FEB, 2004.

―――――――. *Viagem espírita em 1862 e outras viagens de Kardec*. Rio de Janeiro: FEB, 2005.

LUCE, Gaston. *Léon Denis o apóstolo do espiritismo*. Rio de Janeiro: Ed. Celd, 1989.

NORONHA, Altiva Glória Fonseca. *O peregrino do senhor*. Salvador: LEAL, 1987.

PEREIRA, Yvonne A. *À luz do Consolador*. 2ª ed. Rio de Janeiro: FEB, 1997.

―――――――. *Devassando o invisível*. 8ª ed. Rio de Janeiro: FEB, 1991.

―――――――. *Recordações da mediunidade*. 8ª ed. Rio de Janeiro: FEB, 1998.

PIRES, Herculano. *Na hora do testemunho*. São Paulo: Paidéia, 1978.

RAMOS, Clóvis. *Leopoldo Machado: idéias e ideais*. Rio de Janeiro: CELD, 1995.

SARDANO, Miguel de Jesus. *Nas pegadas do Nazareno*. Salvador: Leal, 1988.

SCHUBERT, Suely Caldas. *O semeador de estrelas*. Salvador: LEAL, 1989.

------------------. *Testemunhos de Chico Xavier*. 3ª ed. Rio de Janeiro: FEB, 2010.

SPRÄNGER, Ana Maria. *O Paulo de Tarso dos nossos dias*. Salvador: LEAL, 2003.

TEIXEIRA, Raul. *Cântico da Juventude*. Pelo Espírito Ivan de Albuquerque. 2ª ed. Niterói: Fráter, 1995.

VANNUCCI, Augusto Cesar. *De Ave Cesar a Ave Cristo*. Rio de janeiro: Ed. Maio, 1994.

XAVIER, Francisco Cândido. *Ave Cristo*. Pelo Espírito Emmanuel. 10ª ed. Rio de Janeiro: FEB, 1987.

------------------. *Caminho, verdade e vida*. Pelo Espírito Emmanuel. 28ª ed. Rio de Janeiro: FEB, 1948.

------------------. *Missionários da luz*. Pelo Espírito André Luiz. 29ª ed. Rio de Janeiro: FEB, 1998.

------------------. *Nos domínios da mediunidade*. Pelo Espírito André Luiz. 30ª ed. Rio de Janeiro: FEB, 2003.

------------------. *O Consolador*. Pelo Espírito Emmanuel. 22ª ed. Rio de Janeiro: FEB, 2000.

------------------. *Parnaso de além túmulo*. Espíritos Diversos. Rio de Janeiro: FEB, s.d.

------------------. *Vinha de luz*. Pelo Espírito Emmanuel. 17ª ed. Rio de Janeiro: FEB, 2001.

WORM, Fernando. *Moldando o terceiro milênio* - Vida e obra de Divaldo Pereira Franco. 3ª ed. Salvador: LEAL, 1976.